AF346591

CATECHISME CHRETIEN,

POUR

LA VIE INTERIEURE.

Par Monsieur OLIER, Prestre, ancien Curé de la Parroisse du Fauxbourg Saint Germain, Instituteur, Fondateur, & premier Superieur du Seminaire de Saint Sulpice.

Si quelqu'un n'a pas l'Esprit de JESUS-CHRIST, *il n'appartient point à* JESUS-CHRIST. Aux Rom.

A PARIS,

Chez ROBERT & NICOLAS PEPIE, ruë S. Jacques, au grand S. Basile, au dessus de la Fontaine de S. Severin.

M. DC. XCVII.

Avec Approbations & Privilege.

CATECHISME CHRESTIEN,
POUR
LA VIE INTERIEURE.

PREMIERE PARTIE.
DE L'ESPRIT CHRESTIEN

De l'Esprit & de deux vies de Nostre-Seigneur JESUS-CHRIST

LEÇON PREMIERE.

Demãde. Qui est celuy celuy qui merite d'être appelle Chrestien ?

Réponse. C'est celuy qui a en

Si quis spiricum Christi non habet, hic non est ejus. *ad Rom.*

A ij

ſoy l'Eſprit de Jeſus-Chriſt.

D. Qu'entendez-vous par l'Eſprit de Jeſus-Chriſt ?

R. Je n'entends pas ſon ame, mais le ſaint Eſprit qui habitoit en luy.

D. A quoy connoiſt-on qu'on a l'Eſprit de Jeſus-Chriſt ?

R. On le connoiſt aux inclinations qu'on a ſemblables aux ſiennes, enſuite dequoy on vit comme luy.

D. Quelle eſt la vie de Jeſus-Chriſt, dont vous parlez ?

R. C'eſt cette vie ſainte, qui nous eſt depeinte en l'Ecriture, & ſur tout au Nouveau Teſtament.

D. Combien y a-t-il de vies en Jeſus-Chriſt ?

R. Il y en a deux, la vie interieure, & la vie exterieure.

D. En quoy confifte la vie interieure de Jefus-Chrift ?

R. En fes difpofitions & fentimens int-
erieurs envers
toutes chofes ; par exemple,
en fa religion envers Dieu,
en fon amour envers le
prochain, en fon aneantifle-
ment envers foy-mefme, en
fon horreur envers le pe-
ché, & en fa condamnation
envers le monde & fes maximes.

D. En quoy confifte fa vie
exterieure ?

R. Elle confifte en fes actions
fenfibles, & aux pratiques vi-
fibles de fes vertus, émanées
du fonds de fon divin interieur.

D. Il faut donc pour eftre
vray Chreftien avoir en nous
le faint Efprit, qui nous faffe

R iij

vivre interieurement & exte-
rieurement comme Jesus-
Chrift?

R. Oüy.

D. Mais cela eft bien diffici-
le ?

R. Oüy à celuy qui n'a pas
receu le faint Baptefme, où
le faintEfprit de Jefus-Chrift
nous eft donné, pour nous
faire vivre comme luy.

*De la perte de la Grace aprés le
Baptefme, & du travail de la
Penitence pour la recouvrer.*

Leçon II.

D. CEluy qui a perdu la
Grace du faint Efprit
depuis fon Baptefme, la peut-
il recouvrer ?

R. Il le peut par la Penitence, mais avec grand travail & grande peine.

D. C'eſt pour cela peut-eſtre qu'on appelle le Sacrement de Penitence, un Baptême laborieux ?

R. Il eſt vray ſans doute ; car par le Bapteſme , où nous ſommes engendrez en Jeſus-Chriſt , Dieu noſtre Pere nous donne par luy-meſme la vie de ſon Fils, ſans que ſa Divine Juſtice exige de nous aucune peine ; mais il n'en eſt pas ainſi de la Penitence.

D. Pourquoy cela ?

R. C'eſt qu'il faut ſuer & travailler , pour recouvrer les vertus que Dieu ſeul nous avoit données par luy même , & qu'il avoit plantées

en noſtre cœur de ſa main
toute-puiſſante ; il faut qu'à
la ſueur de noſtre front le
ſaint Eſprit faſſe germer nôtre terre ſterile & ingrate,
dans laquelle auparavant la
Grace faiſoit germer les vertus ſans travail & ſans peine.

D. La perte de la Grace du
Bapteſme, eſt donc une grande perte ?

R. Oüy, on ne le ſçauroit
exprimer ; & comment pour-
roit-on reparer ce chef-
d'œuvre de grace & de miſericorde.

D. Cette perte n'eſt-elle pas
reparée par la Penitence ?

R. Non pas parfaitement ;
car par la Penitence, on fait
d'ordinaire comme un Ap-
prentif qui veut rafraîchir

l'original d'un grand Peintre, qui feroit fort effacé : ce
dernier ouvrage n'approche
pas du premier.

D. Pourquoy faut-il tant de
peine pour recouvrer cette
perte ?

R. Parce qu'on l'a perduë par
un peché extrême, & par une
ingratitude étrange, foulant
aux pieds le Sang de Jefus-
Chrift, & étouffant le don
du faint Efprit qu'on avoit
receu par le Baptême.

D. Mais quoy ? celuy qui
apiés le Baptême offenfe
Dieu par un peché mortel,
foule-t-il aux pieds le Sang
de Jefus-Chrift?

R. Oüy, cela eft ainfi.

D. Et comment ?

R. Premierement, parce
qu'il fe mocque des merites.

& du Sang de Jesus-Christ,
qui luy ont acquis le saint Esprit, & toutes les graces. Secondement, parce que celuy
qui fait un peché mortel, devient un mesme esprit avec
le Diable, lequel foule aux
pieds Jesus-Christ dans l'ame
du pecheur, & triomphe de
Nostre-Seigneur en son propre thrône.

D. C'est donc ainsi peut-estre
que le pecheur crucifie en
soy-même Jesus-Christ, comme parle saint Paul ?

R. Oüy.

D. Et comment le peut-on
crucifier?

R. C'est que comme les Juifs
par la rage des Demons garottoient, cloüoient, & cramponnoient Jesus-Christ en
l'arbre de la Croix, en sorte

Crucifigentes si-
bimet-
ipsis Fi-
lium Dei
Ad Heb.
6. 9.

qu'il n'avoit aucun usage de ses membres, & qu'il ne luy restoit aucune liberté d'agir : de même par le peché on lie & on garotte Nostre - Seigneur, & on le reduit dans l'impuissance d'agir en nous.

D. Expliquez-moy cela davantage ?

R. Nostre avarice clouë sa charité, nostre colere sa douceur, nostre impatience sa patience, nostre orgueil son humilité ; & ainsi par nos vices nous tenaillons, nous garottons, & nous mettons en pieces Jesus-Christ habitant en nous.

❈❈❈❈❈❈❈❈❈❈❈❈

De la dignité du Chrestien en qui Iesus-Christ habite, pour l'animer de ses mesmes mœurs & sentimens, en un mot de sa mesme vie.

Leçon III.

D. JEsus-Christ donc habite en nous ?

R. Oüy, il habite par la Foy dans nos cœurs, comme le dit saint Paul aprés Nostre-Seigneur mesme.

D. Ne m'avez-vous pas dit que le saint Esprit s'y rencontroit aussi ?

R. Oüy, il y est avec le Pere & le Fils ; & y répand, comme nous avons dit, les mesmes sentimens, les mesmes

Ego in vobis. *Ioan.* 14. ⋅ 10 Christum habitare per fidem in cordibus vestris. *Ad Eph.* 3. 17.

inclinations , les mesmes mœurs, & les mesmes vertus de Jesus-Christ..

D. Un Chrestien est donc quelque chose de grand ?

R. Il n'y a rien de plus grand, de plus auguste, & de plus magnifique ; c'est un Jesus-Christ vivant sur terre.

D. Bien malheureux est celuy qui perd ces grands tresors par le peché mortel; mais venons au particulier ?

R. Je le veux bien.

D. Vous dites que Jesus-Christ habite en nous , & que nous sommes oints de l'Onction dont il est oinct luy-mesme, à sçavoir du saint Esprit ; & qu'il répand en nous ses mœurs, ses inclinations , ses sentimens : D'où sçavez-vous cela ?

Hoc sentite in vobis quod & in Christo Iesu. *Ad Phil.* 2. 5.

R. Saint Paul veut que nous ayons en nous les mesmes sentimens que Jesus-Christ avoit, lequel s'est aneanty & humilié sur la Croix, quoy qu'il fust égal à son Pere.

D. Que veut dire cela, avoir en soy les mesmes sentimens de Jesus-Christ ?

R. C'est avoir en son cœur & en son ame les mesmes desirs d'estre, par exemple, aneanty & crucifié comme Jesus-Christ.

D. Faut-il avoir ces desirs en la mesme perfection qu'il les avoit ?

R. Je ne dis pas cela. Je dis seulement qu'il les faut avoir semblables, quoy que non pas égaux.

D. Pouvons-nous mesme en avoir de semblables ?

R. Oüy.

D. Par quel moyen?

R. Par la vertu du saint Esprit, qui peut donner des inclinations toutes contraires & opposees à celles que nous avons dans la chair, par nôtre naissance d'Adam.

De l'esprit & des inclinations d'Adam, dont la condition des Chrestiens est bien éloignée.

Leçon IV.

D. ADam avoit-il d'autres inclinations que les Chrestiens? avoit-il un autre Esprit que celuy de Noftre-Seigneur? le faint Esprit en luy operoit-il d'autres sentimens qu'en Jesus-Christ ?

R. Oüy.

D. Dites-les moy, je vous supplie ?

R. Adam estoit crée pour estre semblable à Dieu en ses richesses, en son honneur, & en sa beatitude ; d'où vient qu'il est né dans le Paradis Terrestre, Roy de tout le monde.

D. Les Crestiens ne sont-ils pas appellez à cela ?

R. Non.

D. Quoy ? ne sont-ils pas créez à l'image de Dieu ?

R. Oüy, ils sont créez semblables à Dieu, en sa justice & sa vraye saincteté.

D. Qu'appellez-vous estre creé en justice & en vraye saincteté?

R. C'est

Secundú DEUM creatus est in iustitiâ & sanctitate veritatis. *Ad. Phil.* 4. 24.

R. C'eſt eſtre creé en Ieſus-
Chriſt, c'eſt eſtre renouvelé
& regeneré par le Baptème,
en ſeparation & êloignement
de toute creature.

D. La condition des Cre-
ſtiens eſt donc bien éloignée
de celle d'Adam ?

R. Oüy, car Adam cherchoit
Dieu, le ſervoit, & l'adoroit
dans ſes creatures ; & au contraire, les Chreſtiens ſont
obligez de chercher Dieu
par la Foy, de le ſervir, & de
l'adorer retiré en luy-meſme
& en ſa ſainteté, ſeparé de
toute creature, & relevé par
deſſus toutes choſes.

D. Les Chreſtiens doivent
donc eſtre ſeparez de tout, ils
doivent donc eſtre Saints ?

R. Oüy, ils doivent eſtre ſeparez de tout en affection, ils

Creati in Chriſto Ieſu.
Ad Eph.
2. 10

B

doivent s'appliquer à Dieu
en luy-mesme , c'est pourquoy ils sont appellez Saints
par l'Apostre saint Paul.

* * *

De l'Obligation qu'ont les Chres-
tiens de mortifier en eux les
inclinations d'Adam & de la
chair, & de crucifier le vieil
homme.

Leçon V.

D. QUe doivent faire les
Chrestiens qui sen-
tent en eux les inclinations
de se lier & de s'unir aux creatures ?

R. Il faut qu'ils mortifient ces
inclinations , il faut qu'ils y
renoncent, puis qu'elles sont
inclinations de la chair, &

Debito e
res sumus
non carui,
ut secun-
dùm car-
nem viva-
mus.
Ad Rom.
c. 12.

qu'ils ne sont plus redevables à leur chair pour vivre selon elle.

D. Depuis le Baptême, qui est une seconde generation, les Chrestiens sont-ils obligez de se conformer à Adam leur pere, & de vivre selon luy?

R. Non, car Dieu s'estant fait nostre Pere dans le Baptême, nous sommes obligez de vivre selon Dieu, & selon ses inclinations, que son Esprit répand en nous.

D. Si nous vivons selon la chair, serons-nous sauvez?

R. Non, car saint Paul dit que nous mourrons, si nous ne mortifions nostre chair, & tous ses appetits dereglez que nous ressentons en nous.

Si secundû carnem vixeritis, moriemini. Ad Rom. 3. 16.

D. Ainsi les Chrestiens sont obligez de se mortifier?

B ij

Qui sunt Christi, carnem suam crucifixerunt cum vitiis & concupiscentiis. *Ad Gal.* 5. 24. Expoliantes vos veterem hominem cum actibus suis. *Ad Col.* 3. 9.

R. Oüy, car selon l'Apostre ceux qui sont à Jesus-Christ, ont crucifié la chair avec ses vices & avec ses convoitises ; ils ont crucifié & depouillé le vieil homme avec toutes ses œuvres.

D. Qu'est-ce à dire, le vieil Homme ?

R. C'est la mesme chose que la chair, c'est nous-mesmes, avec les inclinations que nous avons receuës d'Adam, en naissant de luy par nos parens.

D. Quelles sont ces inclinations ?

R. Ce sont toutes les inclinations que nous avons au mal, & dont nous sommes tous remplis.

D. A quels chefs se peuvent rapporter ces inclinations ?

R. A trois, qui sont l'inclination au plaſir, l'inclination
aux richeſſes, & l'inclination
à l'honneur.

D. Eh quoy faut-il reprimer
tout cela ?

R Oüy.

D. Il faut donc crucifier en
ſoy le vieil homme?

R. Oüy, il le faut crucifier
comme les méchans cruci-
fient en eux Jeſus-Chriſt.

D. Mais encore, que veut dire proprement crucifier le
vieil homme ?

R. C'eſt lier, garotter, étouf-
fer interieurement tous les
deſirs impurs & déreglez, que
nous ſentons en noſtre chair.

D. Que veut, dire noſtre
chair ?

R. C'eſt à dire toute la vieille creature en nous, tout

l'homme entant qu'il n'est point regeneré, & qu'il est opposé à l'Esprit du Baptême.

D. Eh quoy ? nostre ame en nous, & nostre esprit, sont-ils chair avant que nous soyons baptisez ?

R. Oüy.

D. Mais pourquoy appellez-vous nostre ame chair ?

R. C'est par ce qu'estant répanduë & noyée dans la chair, elle est renduë participante de toutes ses inclinations malignes; en sorte que si la grace ne l'en separe, elle devient une mesme chose avec elle, & ainsi elle est appellée chair.

D. Est-ce pour cela que Nôtre Seigneur dit, qu'il faut haïr nostre ame ?

R. Oüy, car entant que nostre

Qui non odit, &c. adhuc autem & animam suam, &c? *Luc.* 1. 26.

ame est une mesme chose a-
vec la chaire, & qu'elle anime
& vivifie son impureté & la
corruption; elle est ennemie
de Dieu, & digne de toute
haine.

D. La chair toute seule pour-
roit-elle pecher ?

R. Non, puisque mesme elle
ne peut vivre sans l'ame. L'a-
me en mesme temps qu'elle
anime la chair, cherche avec
elle le mal, & se rend participante de toute sa corruption.

D. Nostre esprit est-il aussi
nommé chair?

R. Oüy, quand il a des pensées conformes aux senti-
mens & aux mouvemens de
la chair. D'où vient que Saint
Paul dit, que la Prudence de
la chair est une mort.

D. Qu'est-ce à dire, la prudence de la chair ?

R. Ce sont les pensées & les desseins que nous formons dans nostre esprit pour parvenir aux fins de la chair, qui sont les voluptez, les honneurs, & les richesses.

D. La volonté est-elle appellée chair ?

R. Oüy, quand elle adhere aux mouvemens de la chair.

D. Comment appelle-t-on les mouvemens de la chair ?

R. Saint Paul les appelle les desirs & les volontez de la chair.

D. Cette chair est donc bien préjudiciable à l'homme ?

R. Oüy, & c'est pourquoy il la faut haïr, crucifier, & faire mourir.

D. Est-ce pour cela que Nôtre Seigneur a esté crucifié &

mis

In desideriis carnis nostræ faciétes voluntatem carnis. Ad Eph.

mis à mort, & qu'il a mefme
efté enfevely:

R. Ouy, ça efté pour nous
apprendre qu'il faut nous
crucifier nous - mefmes en
noftre chair, & que s'il n'a pas
voulù épargner fa chair in-
nocente, & qui avoit feulement la reffemblance du peché, nous devons bien crucifier la noftre, qui eft ve-
ritablement pechereffe, &
tout eftablie en malignité.

De la source de la grande malignité de la chair, à laquelle nous sommes obligez de renoncer.

Leçon VI.

D. D'où vient la maligni-
té de nostre chair?
R. Elle vient du demon, lequel inspira son poison en
l'ame de nos premiers parens,
qui le receurent auec plaisir,
& qui par là infecterent tellement leur nature, que toute
leur posterité s'en est ressen-
tie.
D. Expliquez-moy cela par
un exemple?
R. Il est des enfans d'Adam
comme des enfans d'un le-

preux, dont la corruption eſt
ſi grande, que toute la maſſe
de ſa chair, & toute ſa ſub-
ſtance, eſt corrompuë; en ſorte que tout ce qui naiſt de luy
eſt corrompu, tous ſes enfans ſont lepreux comme luy.

D· En avez-vous encore un
autre?

R. Ouy, il en eſt comme d'u-
ne ſource d'eau croupie &
corrompuë, dont les ruiſſeaux
qui en ſortent ſont auſſi cor-
rompus, & ſe ſentent de ſon
infection.

D. Nos premiers parens ont
donc eſté infectez de la malignité du Demon?

R. Ouy, & noſtre chair qui
vient de celle d'Adam comme de ſa ſource, a eſté remplie de cette même malignité.

D. Et ainſi, la corruption &

la malice de nôtre chair est de
la nature de celle du Diable ?
R. Ouy.

D. Dieu donc a une grande
haine contre noftre chair ?
R. Ouy, puis qu'elle eft remplie de la malignité du Demon.

D. Mais quoy ? la malice du
Diable eft confommée dans
l'Enfer; & nôtre chair fe fent-
elle de cette malice cõſõmée?
R. Ouy.

D. Quoy noftre chair eft capable de fair autant de maux
que le Diable ?
R. Noftre chair fe porteroit
à tous les maux que le Diable
pouroit faire , fi elle eftoit
delaiffée de Dieu & de fon
faint Efprit.

D. Cela eftant nous devons
avoir grande haine & grande

horreur de noſtre chair ?

R. Ouy, nous la devons haïr autant que le Diable, nous la devons fuïr plus que le Diable.

D. C'eſt peut-eſtre pour cette raiſon que lesSaints faiſoient un ſi grand carnage de leur chair, & que par la haine qu'ils en avoient, ils ſe dechiroient en piecces, ils ſe diſciplinoient, & s'écorchoient juſques au ſang ?

R. Ouy, ils déchargeoient leur colere ſur leur chair, comme ſur l'ennemie jurée de Dieu.

D. O que nous devons donc fuïr la chair, & renoncer à tout ce qu'elle demande & deſire de nous ?

R. Ouy.

D. Eſt ce pour cela que nôtre

Seigneur dit à ses disciples; Que celuy qui le veut suivre, doit renoncer à soy?

R. Ouy.

D. Que veut dire, renoncer à soy?

R. C'est à dire, renoncer à toutes les inclinations malheureuses de la chair: renoncer à tous les desirs de l'honneur, des plaisirs, & des richesses: au desir d'estre aimé, au desir de vengeance; en un mot, à tous les desirs de peché qui sont en nous, & qui sont opposez à la Croix de Jesus-Christ.

De l'amour de la Croix, c'est à dire, du mespris, des souffran-ces, de la pauvreté ; lequel nous est donné par le Saint Esprit dans le Baptesme.

LEÇON VII.

D. **Q**Uoy ? devons-nous porter la Croix de Jesus-Christ, & faire profession de ses maximes ?

R. Ouy, c'est la seconde condition que Jesus-Christ propose à ses disciples & à tout Crestien, de porter la Croix, & de prendre plaisir aux souffrances, aux mépris, aux calomnies, à la pauvreté, &c.

D. Comment se peut-il faire

Tolle cruce u suam. Math. 15. 24.

que nous aymions le mépris,
les souffrances, la pauvreté,
en un mot la sainte Croix de
Jesus-Christ ?

R. Nous ne le pouvons pas
par nous mesmes, mais par la
vertu de Jesus-Christ & de
son saint Esprit, qu'il nous
donne au Baptême.

D. Comment cela ?

R. C'est que le saint Esprit
par le Baptême vient reposer
en nous & dans le fond de nôtre cœur, pour y imprimer ces
inclinations.

D. Voilà qui est bien estrange, voilà des choses bien opposées ?

R. Cela est vray, aussi avons-
nous à souffrir de grands
combats.

D. Quels combats ?

R. Ceux dont parle le grand

S. Paul, lorſqu'il dit, que la chair combat contre l'eſprit, & l'eſprit contre la chair,

D. Comment cela ?

R. C'eſt que d'un coſté le ſaint Eſprit, qui eſt en nous, nous porte au mépris, à la pauvreté, aux ſouffrances. Et de l'autre, noſtre chair deſire l'honneur, le plaiſir, les richeſ-ſes. Noſtre ame ſe peut jetter du coſté qui luy plaiſt ; ou bien adherer à l'eſprit, par la grace qu'il met en nous, ou bien s'y oppoſer, en adherant à la chair par ſa propre malice.

D. Mais vous dites que l'Eſprit de Dieu donne l'amour des ſouffrances, du mépris, & de la pauvreté ? Je n'ay point encore ſenty ce plaiſir des ſouffrances, ces delices

Caro concu-piſcit ad-versùs ſpiritum ; ſpiritus autem adversùs carnem ; hæc enim ſibi invi-cem ad-verſan-tur. *Ad* Gal. 5. 17.

du mépris, cette joye de la pauvreté?

R. Vous dites vray, vous ne ſentez pas ce plaiſir dans vôtre chair; vous n'y reſſentez pas cette joye, ces delices: auſſi le S. Eſprit n'eſt-il pas en vous pour faire ces effets dans voſtre chair. Il ne vient pas pour operer ce changement dans voſtre corps, mais bien dãs le fond de vôtre ame.

D. Quoy? jamais la chair ne prendra-t'elle ſon plaiſir dans l'affection, dans la peine, & dans la Croix?

R. Non, ſi ce n'eſt que quelquefois le S. Eſprit épanche dans la chair les inclinations qu'il a répanduës dans l'ame, & abbreuve noſtre corps des meſmes ſentimens dont il remplit noſtre cœur; mais c'eſt rarement, & ſeulement en paſſant.

D. Mais le Baptême ne fait donc point ſon impreſſion dans le corps, comme dans l'ame ; il ne regenere point la chair, mais l'eſprit ?

R. Il eſt vray, c'eſt noſtre ame qui reçoit les inclinations de l'eſprit ; c'eſt elle qui reçoit ſes nouvelles impreſſions ; c'eſt elle qui eſt abreuvee de ſes ſentimens ; enfin, c'eſt elle ſeule qui eſt regeneree par le Baptême.

*De noſtre premiere generation, où
le Diable eſt le pere de nos inclinations mal-heureuſes. Et
dela regeneration du Batême,
où Ieſus eſt noſtre Fere, nous
communiquant ſa vie Divi-
ne.*

Leçon VIII.

D. QU'eſt-ce à dire que
noſtre ame eſt rege-
nerée par le Baptême ?
R. C'eſt à dire, qu'elle reçoit
des inclinations & des impreſſions toutes nouvelles &
differentes de celles de la premiere generation.
D. Comment cela ?
R. C'eſt que par la premiere
generation, l'ame avoit des

inclinations mal-heureuses qui la portoient toute au peché, toute à la terre, & aux creatures. Au contraire, par la regeneration du Baptême, elle reçoit de nouvelles impreſſions, & des inclinations toutes diverſes, qui la portent à l'amour de Dieu, & à sa religion, à la ſeparation des creatures, & la recherche des choſes du Ciel.

D. Depuis le Baptême, l'homme n'eſt donc plus noſtre pere, ny la chair noſtre mere ?

R. Non, & nous ne devons plus ſuivre leurs mauvaiſes inclinations.

D. Par le Baptême, Dieu eſt-il noſtre Pere ?

R. Oüy, nous appellons Dieu noſtre Pere, & il l'eſt en verité; parce que dans le Bap-

Vt efficiamur divinæ consortes naturæ.
2. Pet. 1. 4.

têmе il nous communique par son Saint Efprit fa nature & fa vie Divine.

D. Le Diable n'eſt-il pas le pere de l'homme?

R. Dans la premiere generation, le Diable eſt proprement le Pere de l'homme pecheur en Adam, à caufe qu'en luy il a femé fa vie & fes mauvaifes inclinations, qui depuis nous ont eſté tranfmifes dans noſtre naiſſance.

D. Et dans la feconde generation?

R. Il en va tout autrement, à caufe qu'en cette generation, le Pere Eternel eſt noſtre Pere, qui nous communique fes inclinations, fes fentimens, fa faintete, par la vertu de fon Efprit, qui nous donne, & qui eſt en nous le principe de la vie fainte & divine , qui éclate en fuite de nos œuvres femblables à celles de Dieu, qui le font glorifier fur la terre.

D. Mais puis que dans noftre premiere generation, le Diable eft noftre Pere, & qu'Adam a tranfmis en nous toutes les mal-heureufes inclinations du Demon, nous fommes bien miferables en nous-mefmes?

R. Oüy, je ne le puis exprimer, il n'y a que Dieu qui le puiffe comprendre.

D. Pourquoy?

R. Comme il n'y a que Dieu qui conçoive la malice du Diable, & la mifere où la Juftice Divine l'a reduit; il n'y a que Dieu auffi qui conçoive la mifere, la malignité, &

la pauvreté de nôtre chair reduite en un estat si pitoyable, qu'outre qu'elle est faite participante de la malediction du Demon, elle a encore en soy des foiblesses, des impuretez, & des miseres, dont il n'est pas capable par sa propre nature.

D. Cela estant, l'homme par justice doit bien aymer l'abjection, il doit bien aymer le mépris?

R. Oüy, car ils luy sont bien deûs.

De l'obligation que nous avons de porter & de conserver l'amour de la Croix, prise de l'Esprit du Baptesme, qui nous a imprimé cét amour.

Leçon IX.

D. **L**A chair peut-elle me-riter autre chose que le mépris, l'abjection, & la contradiction?

R. Non.

D. C'est donc par un traict de la Justice de Dieu, que dans le Baptême l'amour du mé-pris, l'amour des souffrances, & l'amour de la pauvreté, sont imprimés dans le cœur de l'homme?

R. Oüy, à cause que l'hom-me n'estant par luy-mesme que neant & peché, il ne doit

avoir autre desir pour luy-
mesme que celuy d'estre traité comme il le merite ; c'est à
dire, d'estre en mépris, en
persecution, & en pauvreté,
&c.

D. Que la conduite & que la
Sagesse de Dieu sur les Chrétiens sont admirables : & ce
n'est pas sans raison, que l'Es-
criture appelle le Mystere de
la Croix, un Mystere caché.
En effet, peu de personnes
croiroient que la Croix fût
une chose juste & raisonna-
ble sur nostre estat, & que
nous fussions obligez d'en
porter l'amour dans le cœur ?
R. C'est le mal heur & l'abus
du siecle, on s'imagine que
c'est un surcroit de pieté, que
c'est une devotion reservée
aux Cloistres, & que ce n'est

pas une obligation pour tous les Chreſtiens.

D. Mais par le Baptéme, n'at-on pas receu le Saint Eſprit, qui nous oblige de vivre dans cét amour de la Croix ?

R. Oüy ; car ſelon ſaint Paul, comme j'ay déja dit, nous ne ſommes plus redevables à la chair pour vivre ſelon la chair, mais nous ſommes o-bligez de vivre ſelon l'eſprit: & ſi nous vivons par l'Eſprit, marchons ſelon l'Eſprit, qui nous imprime dans le cœur l'inclination pour la Croix, & la force de la porter.

Ad Rom. 8. 12.

Si Spiritu vivimus ſpiritu & ambulemus.

Ad Galat. 5. 25.

D. Cela n'eſt il point expri-mé dans les ceremonies du Baptême ?

R. Oüy, car on fait deux Croix avec de l'huile ; l'une, ſur le cœur, & l'autre ſur les espaules, pour nous marquer l'effet du Saint Esprit.

D. Que represente l'huile ?

R. Le Saint Esprit.

D. Que signifie la Croix qu'on fait sur le cœur ?

R. L'amour de la Croix; parce que le cœur est le siege de l'amour.

D. Et celle qu'on fait sur les épaules ?

R. Elle signifie la force de porter la Croix, à cause que les épaules sont le siege de la force de l'Homme.

D'une autre obligation d'aimer la Croix, & en particulier le mépris, l'abjection, & l'oubli qui font la premiere branche de la Croix, prise de ce que l'homme en son fond & par luy-même, n'est que néant.

LEÇON X.

D. OUtre l'Esprit que nous avons receu dans le Baptême, ce que nous sommes par nous mesmes nous oblige-t-il à l'amour de la Croix ?

R. Oüi.

D. Et qu'est-ce que l'Homme par luy-même & en son fonds ?

R. Helas ! rien.

D. Qu'estoit l'Homme avant que Dieu eut repandu en luy son Estre ?

R. Il n'étoit rien du tout.

D. Qu'est-ce que le rien merite ?

R. Rien du tout ; le rien merite le rien, le mépris, l'abjection, le délaissemenr, & l'oubli de toute creature ; le rien ne peut estre regardé, car il n'a rien sur quoy on doive & on puisse arrester ses yeux.

D. Il ne faut donc pas desirer d'estre regardé, d'estre veu, d'estre estimé :

R. Non, il faut desirer d'être traité selon ce que l'on est ; & & pour ce que l'on ne regarde point le rien, qu'on le méprise, & qu'il ne merite pas même d'être méprisé, puisqu'il ne merite pas seulement qu'on pense à luy pour en porter jugement. De-là vient que l'homme qui n'eſt rien en ſon fond & par luy-meſme, ne merite rien , pas meſme, le mépris.

D. Helas! nous ſommes donc peu de choſe, puiſque nous ne meritons pas même qu'on s'applique à nous pour nous mépriſer?

R. Ouy, ſans doute.

D. Mais pourquoy dites-vous que l'homme n'eſt, rien, puis qu'il a un corps & une ame?

R. Je dis que l'homme n'eſt rien en ſon fond : Il a bien quelque choſe d'autruy, mais il n'en eſt pas moins le neant par luy-meſme, & par conſe-quent, il n'en doit pas eſtre honoré, mais cet autre, à qui apartient le bien qu'il a receu.

D. D'où tirez-vous cette verité?

R. De Saint Paul, quand il dit premierement, que celuy qui s'estime estre quelque chose n'estant rien en verité, se trompe lourdement. Secondement, qu'on ne doit pas se glorifier, puisque l'on a receu d'autruy tout ce qu'on a ?

D. Qui est celuy de qui l'homme a receu le bien qu'il a ?

R. C'est Dieu seul.

D. Dieu seul donc doit estre honoré pour tous les biens qui sont en l'homme ?

R. Ouy, de mesme que le Peintre doit estre loué pour la peinture qu'il a faite, & non pas la vieille toile sur laquelle il a couché les couleurs.

D. Les hommes ne doivent donc point recevoir pour eux les loüanges qu'on leur donne ?

R. Non.

R. Non.

D. Que doivent - ils faire quand on les loüe ?

R. Ils doivent rendre à Dieu toutes les loüanges qu'on leur donne, & luy dire : Mon Dieu je vous rapporte toutes ces loüanges, à cause que vous seul les meritez pour tous les biens que vous mettez en moy.

D. Mais quand l'homme apperçoit en soy des dons & des graces de Dieu, que doit-il faire ?

R. Trois choses.

1. S'humilier devant Dieu, reconnoissant qu'il est l'Auteur de tout bien en nous.

2. Le remercier de ce qu'il luy a plû le répandre en nous, qui ne le meritons pas.

3. Le prier qu'il se glorifie par

E

ſes dons, & qu'il en uſe en nous pour ſa gloire, puiſque de nous-mêmes nous ne ſçaurions pas en bien uſer pour luy.

D. Les Demons ont-ils eu ces diſpoſitions quand ils ont receu les dons de Dieu ?

R. Non; s'ils en euſſent uſé de la ſorte, ils ne ſeroient pas damnez.

D. Qu'ont-ils donc fait pour ſe perdre ſi miſerablement dans les dons de Dieu ?

R. C'eſt que charmez des douceurs de l'honneur, ils ont voulu être honorez eux-mêmes pour les dons de Dieu ; & attirans ſur eux les loüanges qui étoient deuës à luy ſeul, dérober à ſa Majeſté la gloire qui luy appartenoit.

D. Il ne faut donc ſouffrir

aucun honneur pour foy ?

R. Non.

✳✳✳✳✳✳✳✳✳✳✳✳✳✳✳✳✳✳

De l'orgueil & du defir de l'hon-
neur auquel il faut
refifter.

Leçon XI.

D. **N**E faut-il jamais defirer l'honneur ?

R. Non ; c'eft defirer le bien
d'autruy, c'eft defirer le bien
de Dieu ; c'eft être larron,
felon Saint Paul ; c'eft exer-
cer une rapine ; c'eft dérober
à Dieu ce qu'il a de plus cher,
qui eft fa gloire, qu'il affeure
de ne vouloir jamais donner
à autruy.

D. C'eft donc un larcin facri-
lege, puifque c'eft dérober à

Ad P. li.
2. 6.

Gloriam
meam
alteri
non da-
bo.
If. 48.
2. &
48. 11.

Dieu ?

R. Oüi, c'est dérober sur l'Autel de Dieu, & luy arracher de la main ce qu'il proteste de ne vouloir lâcher ny ceder à personne.

D. L'orgueil est donc un grand peché ?

R. Oüi, & c'est pour cela qu'il est puny si rigoureusement dans les Demons, & qu'il est dit que Dieu *resiste aux superbes*, comme s'ils luy vouloient arracher malgré luy le bien le plus cher qu'il ait entre les mains.

D E U S superbis resistit. *Iac.* 4 6. *&* 11 *Pet.* 5. 5.

D. La punition de l'orgueil n'est donc pas seulement un effet de la colere de Dieu, mais encore de sa fureur ?

R. Ouy, à cause que c'est une suite de la resistance de Dieu, irrité contre le superbe qui luy veut ravir son honneur, & sur qui enfin il décharge sa colere allumée, & changée en fureur.

D. Mais les hommes sont donc bien trompez, qui courent aprés l'honneur, puis qu'il n'est pas permis de le desirer ?

R. Il est vray ; car on ne peut le souffrir sans le raporter à Dieu, à moins que de se mettre en danger de l'offencer griévement, & de le faire entrer en fureur contre nous.

D. Que faites-vous, quand vous reconnoissez en vous le desir d'être honnoré, quand vous sentez de la joïe des loüanges qu'on vous donne, & de l'estime qu'on témoigne faire de vous ?

R. Quand on remarque en

ioy ce defir d'être eftimé &
d'être regardé, il faut y renoncer, & fe confondre de ce
que l'on a en fa chair des fentimens diaboliques, des fentimens qui font nez de l'enfer, & qui font femblables à
ceux qui ont damné les Diables.

D. Et comment cela?

R. C'eft que le Diable, comme je l'ay déja dit, defiroit
d'être eftimé & honoré par
fes freres, & même il les attiroit à luy rendre des honneurs & des loüanges qu'il recevoit d'eux avec joïe ; & je
prie Dieu que nous n'ayons
jamais ces fentimens, puis
qu'ils ont fait damner les
Anges.

D. Ce n'eft pas ainfi qu'il
faut dire ; car les fentimens de

l'honneur & de l'eſtime ſeront en nous juſques à la
mort ; & ces ſentimens-là ne
ſont pas peché , pourveu
qu'on y reſiſte ?

R. Il eſt vray ; car les bons &
les mauvais Anges furent
tous attaquez de la tentation,
mais les uns y cederent , & les
autres n'y cederent pas : les
uns en firent profit , & re-
çeurent la couronne ; & les
autres y conſentirent , & furent condamnez.

D. Comment donc faut-il
dire ?

R. Que je n'adhere jamais à
ces ſentimens , & que je n'y
prenne jamais de complai-
ſance.

Que l'honneur est deu à DIEU *seul, & comment on doit se comporter lors qu'on est méprisé.*

LEÇON. XII.

D. QUi est-ce qui doit être honoré?

R. Dieu seul. *A* DIEU *seul,* dit saint Paul, *tout honneur & loüange.* Et *à nous confusion,* dit le Prophete Daniel.

D. En pourriez-vous apporter quelque raison?

R. Ouy, c'est que Dieu seul est parfait en soy-même, comme le dit Nôtre Seigneur : *personne n'est bon que* Dieu *seul.* Tout le reste n'est rien par luy-même, & ne

Soli Deo honor & gloria. 1. *Ad* Tim. 1. 17.

Nobis autem confusio faciei. Dan. 9. 3.

Nemo bonus nisi solus Deus. L. 13. 19.

poſſede de bien que celuy de Dieu. D'où vient que Jeſus - Chriſt diſoit ; *Ma doctrine n'eſt pas à moy ny de moy.*

D. Mais les Saints qui ſont au Ciel, ne doivent-ils pas être honorez, Dieu veut qu'on les honore?

R. L'honneur qu'on rend aux Saints, eſt un honneur qu'on rend à Dieu qui habite en eux: Et ſi l'on honore les juſtes ſur la terre, c'eſt le Saint Eſprit qu'on honore en eux, en qui il habite, qu'il juſtifie, & à qui il donne la grace & la vertu d'être fidelles à Dieu.

D. Eſt-ce pour cela qu'il eſt dit dans l'Ecriture, que Dieu eſt *merveilleux & admirable en ſes Saints?*

R. Oüy, à cauſe que par ſa

Mea doctrina non eſt mea. *Ioan.* 7.

Mirabilis Deus in sanctis ſuis. *Pſal.*67. 36.

puiſſance il éleve leur foibleſ-
ſe à des choſes ſublimes, qu'il
éleve leur ignorance à de
grandes lumieres ,.& qu'il fait
éclater ſa grandeur en leur
baſſeſſe.

D. Ainſi Dieu veut être honoré en ſes Saints?

R. Oüi , Nôtre - Seigneur
même a voulu que ſon Pere
fut honoré en luy ; il ne vouloit point recevoir de loüanges pour ſoy , mais il les ren-
voyoit toutes à ſon Pere. Il
diſoit à ceux qui le nom-
moient Bon : cela n'eſt pas
ainſi , ne dites pas cela, perſonne n'eſt bon que mon
Pere : Voyez-vous cette bonté qui reluit en moy ? Elle
deſcend de mon Pere , elle eſt
originaire de luy ; & s'il ne la
répandoit ſur moy , je ne l'au-

rois pas : avant que mon Pere me l'eût communiqué, je n'étois rien, & n'avois rien, je n'étois que néant comme le reste des hommes: mon humanité a été tirée du néant, aussi bien que le reste des Créatures : Dieu s'est écoulé sur moy, & y à répandu toute la plenitude de ses tresors : si bien qu'ils sont tous à luy, & tout ce qu'il y a de bon, de beau, & de parfait en moy, est de luy : Ce bien est à Dieu & non à moy : il est Auteur de ces perfections & de ces beautez, il doit être honoré pour ses ouvrages, & sur tout, pour ce chef d'œuvre.

D. C'étoit donc entant qu'il n'étoit rien par soy-même, qu'il se nommoit *l'opprobre des hommes, & l'objection du peuple ?* Oppro brium hominũ

& abje-
ctio plebis
Pſal. 21.
6.

R. Oüi, & c'étoit auſſi entant qu'il étoit chargé des
pechez de tout le monde.

D. Vous nous avez dit là de
grandes choſes de Nôtre-
Seigneur Jeſus-Chriſt, que
je vous priray de m'expliquer à loiſir; mais avant que
de ſortir de ce ſujet, je voudrois bien qu'il vous plût
nous dire encore plus particulierement, comment nous
devons nous comporter lors
que l'on nous mépriſe, qu'on
ne tient aucun conte de nous,
& qu'on ne nous regarde
point?

R. Quand on ne nous regarde point, réjoüiſſons-nous, &
diſons en nôtre cœur; Mon
Dieu, je ſuis content de n'ê-
tre veu ny regardé des hommes: que je ſuis aiſe, de ce

que perſonne ne penſe à moy:
car, ô mon Dieu, je n'ocu-
pe point vôtre place dans
leurs penſées ny dans leurs
eſprirs. Je ſuis ravy d'être
ſouſtrait à leur veuë, afin que
je n'occupe point leurs cœurs.
C'étoit là une des penſées de
ſaint Ignace Martir, quand
il prevoyoit qu'il devoit être
enſevely dans le corps des bê-
tes qui l'alloient devorer : Au
moins, diſoit-il, je ne ſeray
veu de perſonne ; je n'amu-
ſeray l'eſprit de peſonne, &
ne rempliray perſonne de
moy.

Blanditiis demulcere feras, ut mihi ſepulchrú fiant, ut nihil de corpore meo relinquant, ne cúm obdormiero, moleſtus cuiquam inveniar, tunc ero verus Chriſti Diſcipulus, cúm mundus nec corpus meum videbit. *S. Ignat. Mart. Epiſt. ad Rom.*

Que le mal - heureux defir de l'honneur, eſt un defir commun & univerfel; & de la maniere de le combattre & d'y renoncer.

Leçon XIII.

D. ESt-ce un defir univerſel & commun aux hommes, que celuy de vouloir qu'on penfe à nous, qu'on nous ayme, & qu'on nous eftime ?

R. C'eſt un defir fi commun, qu'il ny a prefque perforne, s'il n'y prend bien garde, qui n'agiſſe & qui ne parle en cét efprit. Nous avons en nous ce defir mal heureux & ido_ lâtre de vouloir remplir de nous tout le monde ; de vouloir porter nôtre eftime dans tous les cœurs, & d'être ainfi une idole qu'on regarde, & à qui on s'attache continuelle-ment.

D. Helas! quel malheur, & comment fommes-nous faits?
R. Nous fommes tout rem-plis en nôtre chair, des de-firs du Demon, qu'il nous a infpirés par le peché d'Adam; de forte que nôtre chair nous porte à vouloir comme luy, tenir la place de Dieu dans le monde; Et au lieu qu'autre-fois l'homme devoit être ho-noré comme l'image de Dieu, & recevoir des creatures tous leurs hommages & tous leurs devoirs, pour les porter à Dieu; depuis le peché, il les a voulu recevoir pour les ap-pliquer à foy-même, & pour

être idolâtré & adoré à la place de Dieu.

D. Comment penſez-vous que parle la plûpart du monde, & qu'il opere dans les choſes mêmes les plus ſaintes?

R. C'eſt avec deſir d'être eſtimé, & d'imprimer l'amour de ſa perſonne dans le cœur des Auditeurs.

D. Le moyen de ne pas tomber en ce deſordre ?

R. C'eſt de renoncer à ſoy, quand on commence à parler ou à agir. Cela ce fait en cette ſorte : Mon Dieu, je renonce à tous les deſſeins de paroître en cecy ; je renonce à tous les deſſeins d'être eſtimé ; je renonce à tous les malheureux deſirs de ma chair, qui ſe veut chercher en tout ; je renonce à tout l'amour propre,

propre, & à tout l'orguëil, dont je suis pétry.

D. Est-ce assez de renoncer à soy même, & aux desirs de sa propre recherche ?

R. Il faut outre cela se fortifier, en se donnant à l'Esprit de Nôtre Seigneur, qui depuis le Baptême est en nous pour operer nos œuvres avec nous, afin que nous fassions des œuvres de Jesus-Christ, & non pas de vieil homme, afin que nous fassions des œuvres d'esprit, & non de chair; & afin qu'en toutes choses Dieu soit glorifié en nous par son Fils Jesus Christ.

D. Voila une belle doctrine, mais est-elle en l'Ecriture ?

R. Oüi, je pourrois rapporter plusieurs passages qui établissent cette verité : mais je vous diray feulement ce qu'en dit faint Pierre, nôtre Maître en Jefus-Chrift : *Si quelqu'un parle, qu'il parle le langage de Dieu , qu'il parle dans l'Efprit de Dieu : Si quelqu'un rend quelque fervice felon fon miniftere , qu'il ferve en la vertu de Dieu , afin qu'en tout la fainteté & la majefté de Dieu foit honnorée par* JESUS-CHRIST.

D. C'eft donc en l'efprit de Jefus-Chrift Nôtre-Seigneur operant en tous . qu'on doit operer toutes chofes ?

R. Oüi il faut fortir de foy, & entrer en la vertu de Jefus-Chrift , pour honorer Dieu fon Pere : car autrement nous fommes tous remplis d'impureté & de mauvaifes intentions , qui infectent toutes

Si quis loquitur quafi fermones Dei, fi quis miniftrat , tanquam ex virtute quam adminiftrat Deus : ut in omnibus honorificetur Deus per Iefu Chriftum. 1. Pet. 4. 11.

nos œuvres.

D. Nous sommes bien mal-
heureux, nous sommes bien
miserables, puisque nous ne
pouvons rien faire qui puisse
plaire à Dieu, demeurans en
nous-mêmes ?

R. C'est la corruption de nôtre chair, par tout où elle se
mêle, elle perd tout.

D. Je ne m'étonne pas si nous
meritons tant d'être méprisez ?

R. Nous ne meritons pas seulement d'être oubliez & d'ê-
tre méprisez comme néant ;
mais nous meritons encore
d'être persecutez & foulez
aux pieds ; enfin, de nous
même nous ne meritons que
l'Enfer.

D. Que dites-vous-là ? vous
rabattez bien de la confiance

que j'avois en moy ?

R. Je ne vous dis rien que je ne vous montre dans l'Ecriture.

De l'obligation que nous avons d'aimer la douleur, la foûfrance, la perfecution, qui font la feconde branche de la Croix, prife de ce que par nous-mêmes nous fommes peché.

Leçon XIV.

D. POur l'amour de Dieu expliquez - moy cette verité que vous venez de me propofer, & me la mettez tellement en l'efprit, que jamais elle n'en forte, afin que je puiffe aimer la fouffrance, la douleur, la perfecution, la calomnie ; en un mot, la penitence que je dois faire sur la terre, qui en est le sejour. R. Voicy donc la seconde branche de la Croix ; car nous avons déja veu l'obligation que nous avons d'aimer l'abjection & le mépris, qui en font la premiere branche, & de les souffrir par justice, aussi bien que par religion. Il faut maintenant voir comme nous sommes obligez d'avoir l'amour de la douleur & de la souffrance, & de porter en paix la persecution & la calomnie, non seulement à cause que dans le Baptême le Saint Esprit que nous y avons receu, nous a donné ces inclinations, mais encore par justice, à cause de nôtre demerite.

D. Expliquez-moy cela, s'il vous plaît ?

R. Pour le bien connoître, il n'y a qu'à sçavoir que nous sommes peché par nous-mêmes.

D. J'ay bien oüi dire que nous étions pecheurs, mais non pas que nous étions peché !

R. Nous ne sommes pas seulement pecheurs, mais encore nous sommes peché.

D. Si cela est, il n'y a sorte d'opprobre, de calomnie, de vexations, & de persecution que nous ne meritions. Mais je vous prie de m'apprendre comment nous sommes peché ?

R. L'homme Chrêtien, dans toute la doctrine de S. Paul, est composé de deux choses, l'une se nomme chair, & l'autre se nomme esprit. C'est ainsi que se partage l'homme en l'Ecriture.

D. J'entens bien que l'homme est composé de corps & d'ame ; je ne sçay pas si c'est la même chose que ce que vous me dites, quand vous m'apprenez que le Chrêtien est composé de chair & d'esprit ?

R. Non, par l'esprit, j'entens le Saint Esprit, & tous les dons qui sont nez de l'Esprit, comme la Foy, l'Esperance, la Charité, l'Humilité, la Patience, & autres dons, graces & vertus semblables, comme nous l'a enseigné saint Paul aprés Nôtre-Seigneur Jesus-Christ, qui dit en saint Jean : *Ce qui est né de la chair est chair:*

Ad Gal. 5. 22.

Quodna-
tum est

ce qui eſt né de l'Eſprit eſt Eſprit.

D. Et par la chair, qu'enten-dez vous ?

R. Vous le voyez bien par la parole de Nôtre - Seigneur en ſaint Jean ; c'eſt ce qui n'eſt point le ſaint Eſprit, ou qui n'eſt point né du ſaint Eſprit, mais qui eſt né de la chair.

D. Le corps & l'ame ſont donc appellez chair dans la ſainte Ecriture ?

R. Oüi, l'ame ſur tout quand elle ſuit la chair & ſes inclina-tions, & nôtre eſprit même, quand il ſagit pour parvenir aux fins de la chair, ſont ap-pellez chair : enfin, toutes leurs penſées ſont appellées chair, à cauſe qu'elles naiſſent de la chair : & l'Ecriture les condamne, comme choſes de mort : *la prudence de la chair eſt mort ,*

Ad Rom.
8. 6.
Ad Eph.
2. 3.

mort, dit saint Paul, & nous avons eû des pensées de chair, dit encore le même Apôtre.

D. Ce qui est né du saint Esprit, & ce que l'on nomme Esprit, ne nous appartient point ; il n'est point né de nous ; il n'est pas nous-mêmes ?

R. Non, car c'est Dieu même, & les effets de sa presence, qui sont sa lumiere, sa sagesse, son ardeur, son amour, &c.

D. Il ne faut donc point s'en glorifier, ny le mettre au nombre des choses qui sont de nous ?

R. Vous avez raison, ce sont en nous des dons de la pure liberalité, & de la grande misericorde de Dieu, touché de

nôtre misere & de la charité
de son Fils, mort pour nous
sur la Croix.

❊❊❊❊❊❊❊❊ ❊❊❊❊❊❊❊

Explication du precedent sujet.

Leçon XV.

D. QU'est ce donc qui est
de nous-même en
nous ?

R. Le néant & le peché; voilà ce que nous sommes.

D. Nous sommes donc bien
peu de chose, & dignes de
toute souffrance & persecution ?

R. Pour le premier, je vous
l'ay déja montré ; à sçavoir
comme nous n'étions de
nous-mêmes que le néant ;
c'est ce que nous étions de

toute éternité, & l'être dont Dieu nous a couverts n'eſt point de nous, il eſt de Dieu, & quoy qu'il nous ſoit donné, il ne ceſſe pourtant pas d'être encore ſon être, duquel il veut être honoré.

D. Mais pour le pêché ?

R. Je vous le vais dire, avec la grace de Dieu. Le premier homme Adam, ayant été creé dans l'innocence, il pêcha, & en luy tous les hommes ont pêché.

D. Comment entendez-vous cela ?

R. Si un pere avoit fait un marché pour luy, & pour toute ſa famille, n'eſt-il par vray que tous ſes enfans & ſucceſ-ſeurs ſeroient obligez aux conditions ſous leſquelles il auroit contracté.

D. Il eſt vray ?

R. Nôtre premier pere a fait le premier traité au nom de tous ſes enfans & de toute ſa famille : par ſon pêché il a violé ce pacte & ce traité : ſes ſucceſſeurs ont donc tous trempé avec luy dans ſon crime, & en ont juſtement porté toute la punition.

D. Je vois bien, & je le crois, que nous avons commis le peché de nôtre premier pere, & que nous ſommes punis pour ce peché-là même, ce qui eſt juſte, mais je ne vois pas encore comment nous ſommes peché ?

R. Il faut dire l'un aprés l'autre ; & pour entendre ce que je vous vais dire, il faloit avoir preſupoſé ce que je vous ay dit : Le peché du premier homme a fait tel degât en nous, & y a mis une telle corruption, que depuis ce tems-là nous ne sommes que chair & que peché. D'où vient que Dieu dit, *Mon Esprit ne demeurera point en l'homme, à cause qu'il est chair,* à cause que tout son être, & spirituel & corporel, est tout infecté du peché ; son esprit est devenu chair, il est grossier comme la chair, il est aveugle comme la chair, il ne cherche que les appetits de la chair, il est animal & terrestre comme la chair, il est tout depravé de sa droiture, il est aliené de ses premieres intentions, il n'a plus que des desirs impurs, grossiers & corruptibles ; en un mot, il n'a plus rien des traits ny de la ressemblance

Non permanebit Spiritus meus in homine in æternum, quia caro est. Gen 6.

de Dieu.

D. Je voudrois bien encore
quelque éclairciſſement ſur
cette matiere ?

R. L'homme eſt ſi depravé en
ſon fond, qu'il n'eſt qu'inclination au mal & au peché ; &
cette inclination eſt ſi forte,
en luy par la miſere & par le
poiſon du peché originel,
qu'il n'eſt qu'abîme & gouf-
fre de peché, portant en ſoy
le principe non ſeulement
d'un ou de deux pechez, mais
auſſi de tous ſes pechez enſemble.

Quid ſu-
perbit
terra &
cinis.
Eccl. 10.
2.

D. Helas ! qu'eſt-ce que cela ? & pourquoy nous glori-
fions-nous de nôtre chair ? Si
le Sage deffend l'orgüeil à
l'homme, à cauſe qu'il eſt
cendre & pouſſiere, com-
bien plus le doit-on repro-

cher à la chair qui est toute petrie de peché ?

R. C'est - là ce que nous sommes.

***

Suitte de la même verité, que noftre chair n'est que peché.

Leçon XVI.

D. POurriez-vous encore ajoûter quelque chose pour me faire conçevoir comme la chair n'est que peché ?

R. Je vous diray ce que j'en pense. Elle est tellement peché, qu'elle est toute inclination & tout mouvement au peché, & même à tout peché ; en sorte que si le Saint

Esprit ne retenoit nôtre ame, & ne l'assistoit des secours de sa grace, elle seroit emportée par les inclinations de la chair qui tendent toutes au peché, & qui sont toutes semées en l'ame, à cause de l'étroite liaison & de l'intime union que celle-cy a avec la chair?

D. Mon Dieu qu'est-ce donc que la chair?

R. C'est l'effet du peché, c'est le principe du peché : en un mot, on peut dire d'elle, comme les Juifs disoient de l'aveugle né, qu'elle est toute née dans le peché.

D. Si cela est, pourquoy ne tombons-nous pas à toute heure dans le peché?

R. C'est la misericorde de Dieu qui nous en empêche,

In peccatis natus es totus. Joann. 9. 34.

Gratiæ
tuæ de-
puto, &
quæcum-
que non
feci ma-
la: Quid
enim non
facere
potui.
qui etiam
gratuitú
facinus
amavi?
Et omnia
mihi di-
missa esse
fateor:
t quæ
measpon-
te feci
mala, &
quæ te
duce non
feci.
S. Aug.
Conf.
l. 2. c.
7.

& son Divin Esprit qui nous assiste & qui est en nous pour nous soûtenir.

D. Je suis donc obligé à Dieu de ce que je ne commets pas tous les pechez du monde ?

R. Oüi, Saint Augustin le disoit ainsi de soy-même, & c'est le sentiment ordinaire des Saints, à cause que la chair est portée d'un tel poids vers le peché, que rien que Dieu ne peut l'empêcher d'y tomber.

D. Et quoy! la sagesse & la Philosophie ne le pourroient-elles pas ?

R. Non, car autrefois les plus grands Philosophes & les hommes les plus sages qui ayent jamais été, quoy qu'ils connussent la vertu, & qu'ils eussent une tres-grande hor-

reur du vice, n'ont pas laiſſé
de faire de grandes cheutes,
& ſont mêmes tombez dans
les vices les plus horibles &
les plus honteux de la nature.

D. Nous avons donc gran-
de obligation à Nôtre-Seigneur Jeſus-Chriſt, de nous
avoir donné ſon Eſprit pour
relever nôtre ame, & pour la
retirer du bourbier du peché
& des inclinations de la chair
où elle eſt toute plongée ?

R. Nôtre obligation envers
luy eſt trop grande, pour la
pouvoir exprimer.

D. Mais encore, voudriez-
vous bien m'en dire quelque
choſe ?

R. Ce que je puis vous en dire
eſt, qu'il n'y a ſorte de peché
qui puiſſe ce concevoir, il n'y

a imperfection ny defordre, il n'y a point d'erreur, ny de confufion dont la chair ne foit remplie ; fi bien qu'il n'y a forte de legereté, il n'y a forte de folie, ny de fottife, que la chair ne fût capable de commettre à toute heure.

D. Et quoy ! je ferois fol, & ferois le fol par les rües & par les compagnies, fans le fecours de Dieu.

R. C'eft peu que cela, qui ne regarde que l'honnêteté civile. Mais il faut que vous fçachiez, que fans la grace de Dieu, fans la vertu de fon Efprit, il n'y a forte d'impureté, de vilanie, d'infamie, d'yvrognerie, de gloutonnerie, de blafphême ; en un mot, il n'y a forte de peché auquel on ne s'abandonnât.

D. La chair est donc bien corrompuë ?

R. Vous le voyez.

*Que nostre chair est toute op-
posée & rebelle á Dieu & à son
Divin Esprit.*

Leçon XVII.

D. JE vois bien comme la
chair est toute peché, je
n'en sçaurois plus douter ;
mais je vous prie néanmoins
de me le faire voir plus amplement, afin de m'en faire a-
voir toûjours plus d'horreur ?
R. La chair est peché, entant
qu'elle est toute opposee à
Dieu, entant qu'elle combat
contre l'esprit, & l'esprit aussi

combat contre elle.

D. Que dites-vous ? la chair est opposée à Dieu & à son Divin Esprit ?

R. Oüi, c'est saint Paul qui le dit.

D. Elle fait donc comme le Demon qui combat contre Dieu ? & par consequent, elle est de la nature du Demon ?

R. Oüi.

D. Je ne m'étonne plus si vous dites qu'il faut haïr sa chair : je ne m'étonne plus si vous dites que l'on doit avoir horreur de soy-même : je ne m'étonne plus si vous dites que l'homme en l'estat où il est, doit être maudit, calomnié, persecuté. En verité, il n'y a sorte de maux & de malheurs qui ne doivent tomber sur luy, à cause de sa

Caro côcupiscit adversús spritum: spiritus autem adversus carnem. *Ad Gal.* 5. 17.

chair ?

R. Vous avez raifon : toute
la haine, la malediction, la
perfecution, qui tombe fur le
Demon, doit tomber fur la
chair & fur tous fes mouvemens.

D. Mais le Diable eft maudit,
parce qu'il ne fe veut point
convertir à Dieu, & ne peut
jamais luy être fujet ?

R. Il en eft ainfi de la chair;
pendant tout le tems de cette vie, elle eft tellement corrompuë, gâtée, foüillée, &
pervertie, que jamais elle ne
peut fe convertir à Dieu ; elle
ne fçauroit luy être fujette,
dit faint Paul : *Legi Dei non*
eft fubjecta : nec enim poteft.

Ad Rom.
8. 7.

D. Mais cela étant, com-
ment eft-il poffible que les
Saints qui ont une chair fem-

blable à la nôtre , ſervent Dieu dans le monde ?

R. C'eſt qu'en eux l'Eſprit de Dieu , à qui l'ame adhere , & par qui elle eſt éclairée, émeuë, fortifiée, entraîne la chair , & l'aſſujetit à Dieu malgré elle.

D. Eſt-ce malgré elle ?

R. Oüi, car en cette vie elle demeure toûjours ce qu'elle eſt ; & quoyque par fois la grace & l'épanchement de l'Eſprit qui ſe fait ſur elle, la faſſe réjoüir en Dieu, comme dit l'Ecriture Sainte : *Cor* *Pſal. 83.* *meum & caro mea exultaverunt in Deum vivum* : elle eſt pourtant preſte à y reſiſter, & ſe fait preſque toûjours tirer par force.

D. Mais les Diables ne chantent jamais les loüanges de

Dieu, & ne se sçauroient réjoüir ?

R, Non, en l'état où ils sont;
mais Dieu pourtant s'il le
vouloir, le leur feroit faire
par sa puissance , au milieu
de leur dépravation.

D. Mais pourquoy nôtre
chair louë - t'elle Dieu par
fois , & les Demons ne le
loüent jamais ?

R. Parce que les Diables ne
sont plus en état d'esperer,
ny de meriter la gloire; mais
la chair est donnée pour com-
pagne de l'ame , qui merite
la gloire, & l'espere tous les
jours. De sorte qu'en l'homme l'ame sert Dieu, & luy
adhere en l'esprit ; & la chair
demeure malgré soy assuje-
tie à l'Esprit, quoy qu'elle n'y
soit pas soûmise.

D Que

D. Que veut dire cela, la chair est assujettie, & non soumise ?

R. La chair est comme le Demon, qui malgré sa contradition & sa rage, est assujety à la puissance de l'esprit Divin ; mais toutesfois il n'est pas soûmis à ses loix.

D. La chair est-elle ainsi disposée, pendant que l'ame sert Dieu en elle ?

R. Oüi, dans le tems que je prie Dieu, & que je me soûmets à luy ; pendant que je m'éleve à Dieu en la vertu de l'Esprit, en même tems la chair se divertit de Dieu, elle se distrait à la Créature, elle s'affaisse & s'apésantit vers la terre, & ainsi elle détourne souvent l'ame de Dieu : *Deprimit sensum multa* ^{Sap.} ^{15.}

H

cogitantem. En même - tems,
que l'ame se tient dans la pureté, la chair se porte à l'impureté & à la des-honnêteté;
en même tems que l'ame
entre dans la sainteté de
Dieu, la chair se mêle, se
foüille, & se gâte en la Créature; enfin, la chair ne chan-
ge jamais, & ne cesse d'être
ce qu'elle est, non plus que
le Demon.

Que la malignité de noſtre chair merite toutes ſortes d'humiliations de la part de Dieu, & de toute Creature.

Leçon. XVIII.

D. Quand ſera-ce que l'homme & la chair ne ſeront plus peché ?

R. Dans le Paradis au jour de la Reſurrection, quand Dieu reformera ce Corps vil, abject, & humilié ?

D. Eſt-ce bien dit, ce corps humilié ?

R. Oüi, c'eſt bien dit; auſſi eſt-ce aprés ſaint Paul que nous le diſons : car en effet, l'homme merite toute humiliation ; il n'y a point de con-

Reforma bit corpus humilitatis noſtræ Ad Phi. 3. 11.

fusion qu'il ne doive souffrir:
Par exemple, si on dit de
moy, de vous, ou de qui que
ce soit, cét homme ou cette
femme est avare, il le faut
endurer, ayans en nous un
principe d'avarice insatiable,
quoy que la grace en ait peut-
être étouffé le sentiment en
nos ames. Si on dit, cét homme, cette femme est des-
honnête, il le faut endurer,
à cause que la semence de
tout vice, & de toute impureté, se trouve en la chair;
qui porteroit l'ame au peché,
si l'esprit ne l'en détournoit?
Dit-on qu'il y a bien de l'orguëil en vous & en moy, cela est toûjours vray, quelques effets que la grace de
Jesus-Christ & de son S. Esprit ait operé en nous, & on

ne nous fait point de tort ny d'injure, de nous appeller des superbes, parce que nôtre chair demeure toûjours la même, c'est à dire, toûjours pêtrie d'orgüeil, & toûjours preste d'en passer aux effets : si bien que nous ne cessons jamais d'être superbes, quoy que nous ne le sentions pas, & que nous nous exercions par fois dans des actes d'humilité. Ainsi en est-il de toutes les autres imperfections qui peuvent se concevoir en l'homme, à cause que la chair est la source, le cloacque, & la sentine de toute impureté, de tous desordres, & de tout peché.

D. Il n'y a donc aucune sorte d'injures qu'on ne doive supporter, & qu'on ne doive

croire nous être bien deuës?
R. Non.
D. Les mêpris, ny les injures,
ny les calomnies, ne doivent
donc point nous troubler ?
R. Non, il faut faire comme
ce Saint, qui autrefois fut
conduit à la potence, pour
un crime qu'il n'avoit point
commis, & dont il ne se voulut pas justifier, disant en soy-
même qu'il l'auroit commis,
& de bien plus grands encore, si Dieu ne l'eût empê-
ché.
D. De la sorte, nous devons
souffrir toutes persecutions ?
R. Si nous étions bien in-
struits de la malice de nôtre
chair, nous ne douterions
pas de cela : au contraire,
nous devrions le soûhaiter,
pour reprimer par ces châ-

timens sa rebellion continuelle contre Dieu.

D. Les hommes, les Anges, & Dieu même, nous devroient donc persecuter?

R. Oüi, cela devroit être ainsi, comme il le sera au jour du jugement à l'égard des pecheurs que Dieu punira, & sur qui il exercera sa vengeance par toutes les Créatures, où il est habitant, comme par autant d'instrumens de l'execution de sa Justice. Ainsi, en toutes maladies, persecutions, mépris, & autres afflictions, il faut nous mettre du party de Dieu contre nous-même; & dire que nous les meritons justement, & davantage; qu'il a droit d'user de toute Créature pour nous punir, & que nous ado-

Pugnabit cum illo orbis terrarum contra infensatos. *Sap.* 5. 21.

rons la grande misericorde qu'il exerce maintenant sur nous, sçachant bien qu'au tems de sa justice il nous traitera plus rigoureusement.

D. Qu'appellez-vous les tems de sa Justice?

R. Le tems de l'autre vie, où Dieu ne fera plus misericorde aux hommes, où sa justice ne sera plus mêlée de compassion de nos miseres, où il nous traitera selon toute la severité de son saint Jugement.

D. Cela est étrange?

R. *C'est une chose horrible*, dit l'Ecriture, *de tomber dans les mains de Dieu vivant*; alors il n'y aura sorte de Croix & d'affliction, dont l'ame & le corps ne soient accablez.

D. Il

Horrendum est incidere in manus Dei viventis. Ad Heb. 10. 31.

D. Il est donc bien plus doux de porter maintenant la Croix, que la Justice de Dieu nous impose dans ce tems de misericorde, où l'on est soûtenu par la grace & par la vertu que la bonté de Dieu nous donne, que d'attendre au tems où l'on sera delaissé de tout secours & de toute consolation, & accablé de toute sorte de tourmens ?

R. Vous avez bien raison ; dans l'Enfer on n'a point de vertu qui soûtienne, point de grace qui fortifie, point d'onction qui console & qui adoucisse le joug de la rigueur de Dieu ; ce qui toutefois est icy le plus grand temperament de nos croix & de nos tourmens.

De l'obligation que nous avons ensuitte de nostre péché, de porter toute sorte de pauvreté, qui est la troisiéme branche de la Croix des Chrétiens.

Leçon XIX.

D. VOus m'avez bien montré comme on est obligé depuis le peché, de porter les deux premieres parties de la Croix ; à sçavoir, les mépris, & les persecutions ou peines violentes, que l'on nomme souffrances, mais vous ne m'avez pas encore parlé d'une autre partie aussi fâcheuse à porter que les autres ; c'est la pauvreté, qui est la troisiéme branche du Crucifix, & de la Croix des Chrêtiens ?

R. Vous dites vray ; mais il est bien aisé de le faire, & de vous montrer comme on est obligé ensuite du peché de porter la pauvreté la plus grande qu'on puisse concevoir. La justice des Rois du monde, qui ne fait rien de juste, que par la participation de la justice de Dieu même, qui comprend en soy toute justice, nous l'apprend dans les loix qu'elle fait contre les criminels.

D. Que fait la justice des Rois contre les Criminels ?

R. Aussi-tôt qu'elle a convaincu un homme du crime de leze-Majesté, elle le prive de tous ses biens, elle raze ses maifons, elle dépoüille de tous droits en fon Royaume, non feulement le Criminel, mais même toute fa Famille & tous fes defcendans.

D. Eft-ce ainfi que Dieu a traité les pecheurs ?

R. Oüi, & en la perfonne du premier homme, & aprés luy en celle de tous fes enfans : car premierement il a chaffé Adam de fa demeure & de fa belle maifon le Paradis ter-reftre, qui eft comme razé & démoly pour luy & pour tous fes enfans. Secondement, il l'a dépoffedé de l'Empire du monde, dépoüillé de tous droits, & reduit à un état d'un tres-malheureux efcla-vage.

D. Mais pourquoy Dieu ôte-il les biens à un pêcheur ?

R. Parce qu'il n'eſt pas juſte qu'un ſerviteur rebelle, qu'un valet revolté, qu'un traître & infidele joüiſſe des biens de ſon maître ; il eſt juſte que le Maître les luy ôte d'entre les mains, qu'il le chaſſe de ſa maiſon, & qu'il ne le ſouffre plus manger de ſon pain en ſa compagnie : il eſt juſte que Dieu ôte ſon bien à ſes ennemis, dont ils n'uſent ordinairement que pour l'offenſer.

D. D'où vient donc que les pecheurs uſent tous les jours des biens de Dieu ? pourquoy vivent-ils ſi à leur aiſe ? pourquoy abondent-ils en biens ?

R. C'eſt que Dieu n'exerce pas ſa Juſtice ſur eux en ce monde ; il ſe reſerve à les pu nir en l'autre; à lors le plus riche des hommes n'aura pas une goute d'eau à mettre fur la langue, comme le dit Nôtre-Seigneur : à lors ils feront fi gueux & fi miferables, qu'ils feront dépoüillés de tout, & même de l'ufage de leur puiffance naturelle, lequel leur fera ôté par l'excés des tourmens, & par la fouftraction du fecours de Dieu, qui n'affiftera plus à l'employ & à l'exercice de leurs facultés, que pour leur faire reffentir plus vivement leurs fuplices.

D. Les Demons & les reprouvez font donc bien miferables?

R. Ils font fi miferables, qu'il n'y a que Dieu feul qui le connoiffe ; eux mêmes ne le comprennent pas, tant pour

ce que leur peine eſt ſi grande, qu'elle excede toute connoiſſance, que pour ce qu'elle
ne leur donne aucun relâche
pour y penſer mûrement : Ils
crient ſans ceſſe rage & deſeſ-
poir, & ne font autre choſe.
Les pecheurs dans l'ordre de
la Juſtice de Dieu, devroient
être en pareil état.

D. Quoy ! les pecheurs devroient donc être pauvres &
dépoüillés de tout comme
les Demons ?

R. Oüi, ils devroient être
pauvres & gueux comme les
Demons, qui s'eſtiment trop
heureux quand on leur donne un cheveu, ou un feſtu,
comme on l'apprend des Sor-
ciers. Les pêcheurs devroient
encore être interdits de toutes leurs facultez corporelles

& spirituelles, & dépoüillés de tous les dons de Dieu.

D. D'où vient qu'ils n'en font pas privé?

R. C'est parce que JESUS-CHRIST leur a acquis le droit qu'ils avoient perdu; c'est à cause de luy que les hommes en ont la joüissance, ils ne tiennent rien de tous les biens corporels ou spirituels, que par la pure misericorde de Dieu, & de Jesus-Christ Nôtre-Seigneur, qui émû de compassion sur la misere des hommes, est venu luy-même la porter, & par sa pauvreté satisfaire à celle que tous les hommes doivent souffrir.

D. Expliquez-moy cela plus particulierement des biens de l'esprit, tant de la nature que de la grace?

R. Nous n'avons aucun usage de nos puissances, nous n'avons aucune lumiere d'esprit, aucun mouvement de volonté, que par l'acquisition de Jesus-Christ, à cause que par l'état de nôtre peché en Adam, nous devions tout perdre; mais nous avons recouvert en Jesus-Christ, ce que nous avions perdu; & recouvert encore beaucoup plus de grace & de biens, que le peché ne nous en avoit ôté. Ainsi en Jesus-Christ, la grace à sur-abondé par dessus le peché; & comme chante l'Eglise: Heureux le peché qui nous a procuré ce bonheur en Jesus-Christ.

Ad Rom. 5. O felix culpa, quæ talé ac tantú meruit habere Redemptorem.

De la grace qu'operent en l'ame les mysteres de Nostre-Seigneur, ausquels il faut participer : & premierement du saint Mystere de l'Incarnation, & de la grace qu'il donne.

Leçon XX.

D. POur être parfait Chrêtien, suffit-til d'avoir les dispositions que vous m'avez marquées jusqu'icy ?

R. Non : car de plus, il faut que les Chrêtiens participent à tous les Mysteres de Jesus-Christ, qui se sont passez exprés en luy pour être des sources de graces trés-grandes & trés-particulieres en son Eglise.

D. Chaque Myſtere a t'il acquis quelque grace ſpeciale à
l'Egliſe ?

R. Oüi , chaque Myſtere a
acquis à l'Egliſe la grace ſan-
ctifiante , & diverſité d'états
& de graces particulieres que
Dieu répand dans les ames
épurées , quand il luy plaît,
& plus ordinairement dans le
tems de la ſolemnité des
Myſteres.

D. Combien y a-t'il de Myſteres principaux , auſquels
l'ame peut participer ?

R. Elle doit participer gene-
rallement à tous , mais prin-
cipallement à ſix ; qui ſont,
l'Incarnation , le Crucifiement , la Mort , la Sepulture,
la Reſurrection , & l'Aſcenſion.

D. Qu'elle grace opere en

nous le Myſtere de l'Incarnation?

R. La grace d'anéantiſſement
à tout propre intereſt & à
tout amour propre.

D. Qu'eſt-ce à dire, anéantiſſement à tout propre intereſt & amour ?

R. C'eſt-à-dire, que comme
par le Saint myſtere de l'Incarnation, l'Humanité Sainte
de Nôtre-Seigneur a été
anéantie en ſa propre perſonne, de ſorte qu'elle ne ſe
cherchoit plus, elle n'a-
voit plus d'intereſt particulier, il n'agiſſoit plus pour
ſoy, ayant en ſoy une autre
perſonne ſubſtituée ; à ſçavoir, celle du Fils de Dieu,
qui recherchoit ſeulement
l'intereſt de ſon Pere, qu'ire-
gardoit toûjours, & en tou-

tes chofes ; de même nous devons être anéantis à tous propres deffeins , & à tous interefts , & n'avoir plus que ceux de Iefus - Chrift qui eft en nous, afin d'y vivre pour fon Pere : *Sicut mifit me vivens Pater , & ego vivo propter Patrem ; Et qui manducat me , & ipfe vivet propter me.* De même que mon Pere, lors qu'il m'a envoyé , m'a coupé toute racine de recherche de moy-même, en m'ôtant la perfonne humaine , & en fubftituant une Divine avec fon Efprit , pour me faire vivre pour luy , ainfi, quand vous me mangerez , vous viverez tout pour moy, & non pour vous, à caufe que je feray vivant en vous , & que je rempliray vôtre ame

Ioan. 6. 58.

de mes defirs & de ma vie,
qui confumera & anéantira
tout le propre qui eft en vous,
fi bien que ce fera moy qui
vivray & defireray tout en
vous au lieu de vous ; & ainfi
anéantis en vous mêmes, vous
ferez tous revêtus de moy.

D. Ce revêtement de Nô-
tre-Seigneur eft-il une feconde grace du Myftere de
l'Incarnation ?

R. Oüi, car outre que le
Myftere de l'Incarnation, à
proprement parler, opere en
nous un dépoüillement & un
renoncement à tout nous-
même, *Abnegat femetipfum ;*
il opere de plus un revêtement de Nôtre-Seigneur,
par une confecration totale
à Dieu : Ainfi qu'au jour de
l'Incarnation, Nôtre-Sei-

gneur fe dévoüa & dédia
tout à fon Pere , en foy , &
en tous fes membres , faifant ufage en fon Efprit de
toutes les occafions que luy
& tous fes membres auroient
jamais de fervir & de glorifier Dieu.

D. Au tres Saint jour de l'Incarnation , Nôtre-Seigneur
Jefus-Chrift a-t'il offert à
Dieu fon Pere, toute fa vie &
celle de tous fes membres ?

R. Oüi , il les a offert , &
il continuë encore cette même offrande : Il eft toûjours
vivant dans les mêmes dif-
pofitions qu'il a euës pendant
toute fa vie , il ne les inter-
rompt jamais ; & il s'offre
toûjours à Dieu en foy , &
en tous fes membres , dans
toutes les occafions qu'ils ont

de le fervir, de l'honnorer, & de le glorifier. Nôtre - Seigneur en fa perfonne Divine, eft un autel, fur qui tous les hommes font offerts à Dieu, avec toutes leurs actions & fouffrances : c'eft cét Autel d'or fur qui fe confomme tout parfait Sacrifice : la nature humaine de Jefus-Chrift, & celle de tous les Fideles, en font l'hoftie, fon Efprit en eft le feu, & Dieu le Pere eft celuy à qui on l'offre,& qui y eft adoré en efprit & en verité.

Du Mystere du Crucifiement, & de sa grace.

Leçon. XXI.

D. JE suis satisfait de ce que vous m'avez dit du grand & saint Mistere de l'Incarnation : mais pour le Mystere du Crucifiement, qu'elle grace opere-t'il en nous ?

R. Il nousdonne la grace & la force de justifier tous nos membres en la vertu de l'Esprit de Dieu, qui est comme nôtre meurtrier & l'executeurde la sentence prononcée contre la chair, les cloux dont il se sert sont les vertus qui lient nôtre amour propre, & nos desirs de chair ; cét état

K

de crucifiement suppose que l'ame est vivante à soy, & qu'elle combat encore, & que l'Esprit Divin use de violence & de vehemence sur le corps, pour le meurtrir & le crucifier, *Mortifiez vos membres qui sont sur la terre*, dit saint Paul. Ainsi cét é at dit resistance à l'Esprit de la part de la chair, & souvent même en ces agonies, on souffre & on suë avec des peines excessives.

D Que faut-il faire, quand on sent en soy quelques desirs qui se soulevent, & qui donnent de la peine?

R. Il faut s'expoer à l'Esprit, le prier qu'il use de sa puissance contre la chair, & luy dire qu'il agisse en maître, que de nôtre côté nous renonçons à tous nos desirs, & que

Morti fi-
care ergo
membra
veitra
quæ funt
superter-
ra n.
Ad C l,
3. 5.

nous nous uniſſons à luy pour agir en ſa vertu contre nous-mêmes, nous anéantiſſant, confondant, & détruiſant tous ſes ſoulevemens en nous autant que nous le pouvons, comme une hoſtie que Dieu prend plaiſir de voir immoler à ſa Juſtice.

Du Miſtere de la mort, &
de l'état de mort qu'il
opere.

Leçon XXII.

D. **C**Omment pouvons-nous participer au Myſtere de Mort de Nôtre-Seigneur ?

R. Par la Communion à la grace & à l'état de mort,

que Nôtre-Seigneur nous a
acquife par ce Myftere.

D. Qu'eft-ce que l'état de
mort ?

R. C'eft un état où le cœur
ne peut-être émeu en fon
fond ; & quoy que le monde
luy montre fes beautez, fes
honneurs, fes richeffes, c'eft
tout de même que s'il les of-
froit à un mort, qui demeure
fans mouvement & fans de-
firs, infenfible à tout ce qui
fe prefente.

Le Chrêtien dans l'état de
mort interieure, quoy que ces
fens luy montrent, quoy que
les malignitez du monde luy
fufcitent, eft interieurement
inébranlable à tout ; il peut
être agité au dehors, pendant qu'il eft en vie, mais toûjours il eft en paix au dedans,

il demeure insensible à tout,
& n'en fait non plus de cas,
que si tout n'étoit rien, parce
qu'il est mort en Nôtre-Seigneur.

Le mort peut bien être
agité par dehors, & rece-
voir quelque branse en son
corps ; mais cette agitation
est exterieure, elle ne pro-
cede pas du dedans, qui est
sans vie, sans vigueur & sans
force : Tout de même, une
ame qui est morte interiure-
ment, peut bien recevoir des
attaques des choses exterieu-
res, & être ébranlée au dehors ; mais au dedans de soy,
elle demeure morte, & sans
mouvement pour tout ce qui
se presente, n'y ayant plus de
vie pour le monde en son
fond, où tout est insensible

Mortui
enim estis.
Ad Col.
3.3.

& mort aux choſes vaines du ſiecle, à cauſe de la vie divine, qui abſorbe ce qui eſt de mortel en elle.

✺✲✺✲✺✲✺✲✺✲✺✲✺

Du Myſtere de la Sepulture, & en quoy ſa grace eſt differente de celle de la mort.

Leçon XXIII.

D. ET pour la Sepulture de Nôtre-Seigneur, quelle eſt la grace qu'elle nous acquiert, & en quoy cette grace eſt-elle differente de celle de la mort ?

R. C'eſt que la mort a encore la face du monde & de la chair : l'homme mort paroît encore être une partie d'Adam ; encore par fois le remuë-t-on ; il donne encore quelque agrément au monde. Mais de l'enseveli on ne dit plus mot, il n'est plus dans le rang des hommes, il est puant, il est en horreur, il n'a plus rien qui agrée, il est foulé aux pieds dans un Cimetiere sans que l'on s'en étonne, tant le monde est convaincu qu'il n'est rien, & qu'il n'est plus du rang & du nombre de ses freres.

La Sepulture dont parle S. Paul, lors qu'il dit que nous sommes ensevelis avec Nôtre-Seigneur par le Baptême, est la même chose que la pourriture dont parle Nôtre Seigneur en Saint Jean, lors qu'il dit ; *Si le grain de froment qui tombe en terre ne meurt & ne pourrit, il demeure tout seul*

& sans fruit.

Et cette Sepulture & pourriture est differente de la mort, en ce que l'état de mort dit seulement un état de consistance, de fermeté, & d'insensibilité ; mais l'état de Sepulture & de pourriture, dit la destruction totale de l'être, & la production du germe d'une nouvelle vie : Le grain pourry est le Tombeau d'où ressuscite la nouvelle vie; Et de la Sepulture, ou pourriture d'Adam, renaît la vie de l'Esprit ; le corps d'un Chrétien qui est pourry à Adam, voit renaître le grain & le germe d'une vie Divine, que l'Esprit Divin y produit avec tous les effets & tous les mouvements de sainteté qui l'accompagnent, &

tout

num frumenti cadens in terram, mortuum tue it ipsum solū manet. Si autem mortuū fuerit, multum fructum affert. *Joū.* 12. 24.

tout cela fondé fur la Sepulture de Nôtre-Seigneur, laquelle a compris fa mort &
fa Refurrection, puifque ce
Divin Sauveur a veu naître
fa vie du Tombeau, où la
mort avoit mis cét admirable grain de froment des
Elus.

*Du Myftere de la Refurrection
& de fa grace en nous.*

LEÇON XXIV.

D. QU'eft-ce que nous
donne le S. Myfte-
re de la Refurrection de Nôtre-Seigneur ? quelle eft fa
grace en nous ?
R. C'eft une grace d'éloigne-

ment de tout le siecle, d'éloignement de la vie presente,
& qui fait soûpirer pour la
future, & aspirer continuellement au Ciel, à l'exemple
de Nôtre-Seigneur, qui
aprés sa Resurrection, ne
pouvoit même vivre avec
ses Disciples, ny souffrir leur
incredulité & dureté de cœur,
tant il vivoit dans l'impatience & dans le desir d'être avec
son Pere, comme il le témoi-
gnoit déja durant sa vie, par
ces paroles : *Glorifiez - moy
mon Pere*, &c.

D. Mais il ne faudroit point
vivre sur la terre, pour être
en cét état ?

R. Vous m'excuserez ; car
Nôtre-Seigneur aprés sa Ré-
surrection, paroît encore avec
ses Disciples ; il converse avec

Pater ve-
nit hora,
clarifica
filium
tuum.
Joan. 17.
1.

eux , mais c'eſt plus rarement ; il mange même avec
eux, mais c'eſt avec éloignement & dégoût.

D. Cét etat ſouffre-t'il encore quelque attache aux Créatures ?

R. Non , on le voit en ce qui
ſe paſſe entre Nôtre - Seigneur & Sainte Madelaine ;
il n'en ſouffre plus les appro-
ches , les familiaritez , & les
carreſſes; il la renvoye, à cauſe que l'état de ſainteté , dans
lequel entre l'ame reſſuſcitée,
porte éloignement de toute
la Créature preſente ; ſoyez
ſainte ô Madelaine , car je
ſuis Saint , ceſſez d'être atta-
chée au prophane du ſiecle,
à cauſe qu'étant Saint comme je ſuis, je ne ſçaurois m'en
approcher, ni par conſéquent

de vous , si vous y avez encore quelque attache.

L'Etat de Resurrection porte avec soy retraite des Créatures , union & application
à Dieu ; non toutesfois si
parfaite , que celuy de l'Ascension.

*Du Mystere de l'Ascension , de
sa grace , & de son état ,
qui est l'état des parfaits.*

Leçon XXV.

D. QU'est - ce donc que
l'état & la grace du
Saint Mystere de l'Ascension?
R. C'est un état parfait de
consommation en Dieu, c'est
un état de Triomphe & de
gloire achevée, c'est un état

où il ne paroiſt plus rien d'in-
firme.

D. Paroiſſoit-il encore quelque infirmité en Nôtre - Seigneur Jeſus - Chriſt , aprés
ſa Reſurrection ?

R. Il en avoit encore quelques marques , & ſembloit ſe
dépoüiller quelquesfois de la
gloire parfaite de ſa conſom-
mation, & de ſa totale reſſem-
blance à Dieu ſon Pere ; il
rendoit encore ſa nature pal-
pable & viſible aux yeux de
ſes Apôtres, il étoit encore
mangeant avec eux : mais au
jour de ſon Aſcenſion, ſa gloire ne ſouffre plus d'interru-
ption ny de ſuſpenſion , l'é-
clat n'en eſt plus ſupportable
aux yeux des hommes ; étant
entré en la ſplendeur de Dieu
ſon Pere , il demeure caché

Palpate
& vide
te : quia
ſpiritus -
carnem
& oſſa
non ha-
bet, ſicut
me vide-
ris habere
Luc. 24.
39

L iiij

dans son sein, il ne tombe plus sous nos sens ; & quoy qu'il y conserve les qualitez de la nature humaine, il ne les assujetit plus à nôtre infirmité, il y est Esprit vivifiant, étant parfaitement entré en la vertu & en la nature de son Pere, glorieux, spirituel, tout-puissant : Ce qui fait même, qu'étant entré en ses états interieurs & intimes, il envoye avec luy son Saint Esprit ; il entre en la fecondité & en l'unité du Pere, pour donner son Esprit au dehors ; & comme le Verbe Eternel ; & infiniment Un avec son Pere, par un principe interieur & identifique, produit le Saint Esprit avec luy & en luy : de même Jesus - Christ Nôtre - Seigneur , qui est exterieur à Dieu par sa nature humaine se réünissant à luy , & rentrant dans l'unité parfaite avec luy, produit le S. Esprit , & avec luy l'envoye hors de luy à ses Apôtres ; ce qui est la merveille admirable de la Divine Ascension.

Et de là vient, qu'une ame qui entre en cét état de la Divine Ascension de Nôtre-Seigneur Jesus-Christ , reçoit comme dit l'Eglise, la participation de la Divinité, selon le desir que, dans l'Ecriture Sainte, Dieu témoigne avoir que nous soyons *faits participans de la nature Divine.*

Etant admirable de l'ame interieurement renduë conforme ; & entierement sem-blable à Dieu , & , comme difent les faints, pafaitement *Dei forme* ; c'eft à dire, toute ardente d'amour, & lumineufe de la clarté de Dieu.

L'ame en cét état ne déchoit plus de l'union, ou de l'unité en Dieu, pour defcendre à la baffeffe de l'infirmité humaine ; vous ne la voyez plus épanchée en paffion & en amour propre, elle n'admet plus en fon fond la transformation en la Créature : elle ne laiffe plus prendre racine en elle à l'amour des chofes periffables, qui fait qu'on fe transforme en la Créature, qu'on fe voit en elle, & qu'on la voit en nous, & qu'ainfi on décheoit de cette parfaite reffemblance à Dieu & à Jefus Chrift monté au Ciel, où étant tout transformé & consommé en son Pere, & nous attire avec luy à la transformation & consommation en Dieu : C'est pourquoy il disoit à sainte Magdeleine, *Ne me touche point, car je ne suis pas monté à mon Pere* : Attends que je sois dans l'état où je t'attireray en mon Pere, & à la transformation & consommation en luy : Et c'est ce qu'il fait au trés-Saint Sacrement, où étant entré en sa vertu, il consomme & transforme en luy les ames, *Non me mutabis in te, sed tu mutaberis in me.* L'ame en état de la Resurrection doit craindre l'attache, & même l'approche des Créatures de peur de déchoir, de se laisser transformer en elles, & de devenir

Noli me tangere non dum enim ascendi ad Parem taeum. *I. an* 20. 17.

participants de leur prophanation.

D. L'état de la sainte Ascension, est donc l'état des parfaits?

R. Oüi, c'est l'état des ames parfaites & consommées interieurement en Dieu, dans l'être & dans la vie duquel elles sont passées par la vertu d'une union parfaite & tres-intime.

D. O l'état admirable?

R. Oüi, c'est pour cela qu'on appelle cette sainte Ascension de Nôtre-Seigneur, *Admirable*, qui cause aux ames des états de sainteté inconcevables.

Per admirabilem Ascensionem tuam.

D. Dites-m'en encore quelque chose pour me donner envie d'y parvenir?

R. L'ame en cét état est im-

penetrable aux traits du monde, elle n'eſt plus ſuſceptible
de l'imperfection des Créatures, elle eſt en ſoy parfaitement ſeparée de l'être prophane, elle poſſede une paix
& un repos Divin, elle eſt
dans l'immutabilité interieure, inébranlable à toute choſe, & c'eſt à une ame en cét
état qu'on peut dire hardi-
ment ces paroles du Prophete : *Il ne vous arrivera point
de mal, & aucun fleau n'ap-
prochera de vôtre Tabernacle.*
Vous diriez qu'elle eſt déjà
par une heureuſe anticipa-
tion, dans une état d'Eternité.

Cét état eſt un état de pureté admirable, où l'ame n'a
plus de mélange avec l'être
prophane, ny plus d'épanche-

Non ac-
cedet ad
te malū,
& flagel.
lum non
appro-
pinqua-
bit tarber
naculo
tuo.
Pſal. 90,
10.

ment fur luy. Elle peut voir autour de foy fon vieil homme, & fa chair fe changer & s'alterer ; mais toûjours intime, & toûjours interieure à elle-même ; elle ne décheoit point de fon état, elle demeure ferme, elle fait même toûjours de nouveaux progrés, & ce n'eft qu'en fa chair que fe trouve l'alteration. *Licetis, qui foris eft noster homo corrumpatur : Tamenis, qui intus eft, renovatur de die in diem.*

2. Ad
Cor. 4.
16,

Fin de la premiere Partie.

CATECHISME CHRESTIEN,

POUR

LA VIE INTERIEURE,

SECONDE PARTIE.

D'UN MOYEN

principal pour acquerir & conserver l'Esprit Chrêtien.

Qu'un moyen principal est la priere, à quoy il faut porter l'humilité & la confiance. De quelques motifs de cette confiance.

Leçon I.

Demande. A Prés m'avoir enseigné en quoy consiste l'Esprit Chrêtien , vous plairoit-il de me donner quelque moyen pour l'acquerir & pour le conserver ?

R. Un des principaux & plus efficaces est la Priere : Car Nôtre Seigneur assure dans l'Evangile , que Dieu nôtre Pere donnera l'Esprit bon , c'est à dire l'Esprit Chrêtien, à ceux qui le luy demanderont.

D. Faites moy donc la grace de m'enseigner la methode que je dois garder en la priere ?

R. Il faut premierement y porter des dispositions semblables à celles que Nôtre-Seigneur avoit luy même, & qu'il a enseignées à ses Disciples : Il faut nous adresser en toute humilité & confiance au Pere Frernel , comme il s'y adreſſa luy - même dans ſes belles Prieres couchées en ſaint Jean , & comme il nous apprend encore dans le *Pater.* Ioan. 17.

D. Qu'entendez-vous par le mot d'humilité ?

R. J'entends premierement, un ſentiment de confuſion pour nôtre indignité cauſée par nos pechez , que Dieu ne peut ſouffrir : *Vous n'eſtes point un* Dieu *qui aymiez l'iniquité ,* luy dit le Pſalmiſte ; & ſouvenons-nous de cette autre parole , Dieu *n'exauce point les pecheurs.* Secondement , j'entends par l'humilité ce même ſentiment de honte & de confuſion , qui vient de nôtre incapacité de prier : Car la Priere eſt un acte ſurnaturel , qui ne ſe peut faire ſans gra-

Non Deus volens iniquitatem tu es. Pſal. 5. Peccatores Deus non audit. Ioan. 9. 31.

ce , & l'homme par ſoy même , eſt un pur néant de grace, & ainſi il eſt du tout incapable de prier.

D. Comment donc peut-on prier avec confiance?

R. Dieu y a pourvû ; & je vais vous apprendre le ſecret de la confiance, qui eſt ſi glorieux à Dieu, & ſi utile à l'Egliſe. Aprés que l'on s'eſt tenu quelque tems dans ce ſentiment d'humilité , dont je vous ay parlé , il faut ſe recueillir en l'Eſprit de Jeſus-Chriſt, qui eſt dans le cœur de tous les enfans de l'Egliſe , pour les élever à la Priere, comme le dit ſaint Paul. *Acceptis ſpiritum adoptionis filiorum inquo clamamus : Abba (Pater)* c'eſt à dire , qu'en cét Eſprit , nous prions avec confiance

Ad Rom. 3. 15.

fiance ; ce qui eſt marqué,
& par ce nom de Pere qui eſt
repeté deux fois, *Abba pater;*
& par la clameur avec laquelle nous prenons la liberté de
pouſſer nos prieres vers luy,
Clamamus : Car cela exprime
la fermeté de la confiance &
la force du zele, avec leſquelles nous demandons à Dieu
tous nos beſoins pour ſa gloire : A quoy j'ajoûteray encore ce que ſaint Paul dit en
un autre endroit : Que *l'Eſ-*
prit demande pour nous avec des
gemiſſemens inébranlables.
D. Que veut dire cela ? car je
n'avois jamais oüi dire que
le S. Eſprit gemît ?
R. C'eſt par myſtere qu'il
eſt dit que le S. Eſprit pleu-
re, car toutes les paroles de
l'Ecriture ſont myſterieuſes ;

Spiritus
postulat
pro nobis
gemiti-
bus ine-
narrabi-
libus
Ad Rom.
8. 26.

M

& c'est à dire que quand on prie dans l'union de l'Esprit, on obtient plus qu'avec tous les gemissemens & toutes les larmes imaginables Et j'ajoûteray encore à cecy, que Nôtre-Seigneur qui habite en nous, & qui fait les fonctions du S. Esprit, *Factus est in spiritum vivificantem*, est appellé par David en esprit de prophetie, *Hostie de vociferation.*

D. Que veut dire ce mot, Hostie de vociferation?

R. Le Prophete parle par allusion, aux clameurs & au grand bruit que faisoient les Animaux dans le Temple, qui étoient la figure de Jesus-Christ sur la Croix & dans nos cœurs? Or il est dit de Nôtre-Seigneur, qu'il pria

Ad Cor. 15. 45. Hostiam vocifera tionis. Psal. 26.

pour nous *avec profusion de larmes, & avec de puissans cris.*

D. Que signifioit cela en Nô‑tre-Seigneur ?

R. Cela montroit la tendres‑se de son amour envers nous, & la force & vertu de son zele en ses prieres.

D. Nôtre - Seigneur Jesus‑Christ fait - il le même dans nos cœurs ?

R. Oüi, il le fait par tout où il est, & dans nos cœurs, & dans le Saint Sacrement, & dans le sein de Dieu son Pere, & en voicy la raison : Ce que le Saint Esprit a com‑mencé une fois dans le cœur de Jesus, il l'a continué pen‑dant toute sa vie, & le conti‑nuëra toute l'Eternité : Les operations de sainteté dans le cœur de Jesus sont éternel‑

Preces supplicationesque cum clamore val. do & lacrimis offerens. Ad Heb. 5. 7.

Dominus in eis, in Sina, in sancto. Psa 67, 18

140 *Catechiſme Chrêtien,*

les, comme celles de tous les Saints en Paradis. Et le grand ſecret du Chriſtianiſme, & tout le ſujet de la confiance des Enfans de Dieu, conſiſte en ce que Jeſus-Chriſt nous eſt toutes choſes, comme le dit ſaint Paul. Il eſt nôtre priere, nôtre humilité, nôtre patience, & nôtre charité, &c.

Voicy donc les diſpoſitions qu'il faut avoir pour la priere, & l'ordre que nous y devons tenir. Il faut ſe preſenter à Dieu, nôtre pere, qui eſt toûjours plein de charité, & qui nous dit par un Prophete : *Ie vous ay aymé d'un amour continuel.* Et quoy que nos pechez nous rendent indigne de paroître devant luy, ſi toutes fois nous nous uniſſons à Jeſus Chriſt, nôtre

Omnia & in omnibus Chriſtus. Ad Col. 3. 11.

Omnia ipſo conſtant. Ad id. 1. 1.

In charitate perpetua dilexi te. Ier. m. 31. 3.

indignité est couverte devant son pere, lequel sent le
parfum des habits de son Fils
aîné Jesus-Christ Nôtre-
Seigneur, qui comme un autre Esaü, nous couvre ainsi
que des Jacobs. Il faut donc,
aprés s'être tenu quelque
tems dans des sentimens
d'humilité, entrer en Jesus-
Christ comme nôtre priere,
& s'unir à luy comme nôtre
Avocat ; & ensuite animez
de cét Esprit, rendre à Dieu
tous nos devoirs, & luy demander tous nos besoins. Et
pour vous le dire en un mot,
ce que je croy de principal
en la priere, aprés l'humilité
& la douleur de ses pechez,
est d'y venir armez de confiance & de foy parfaite, fondée sur ces paroles de Nôtre-

Semper vivens ad inter-pellandū pro nobis. 7. 25. Advoca-tum ha-bemus apud Pa-trem Iesum Christum justum. 1. *Isan*. 2. 1.

Seigneur : *Ce que vous deman-derez à mon Pere en mon nom & en ma vertu, il vous l'ac-cordera :* Car en effet , nous voyons en l'Apocalypse, que Nôtre Seigneur paroît devant son Pere , comme un Agneau debout , & qui semble être mort ; ce qui signi-fie qu'il est toûjours devant le Trône de son pere , revêtu des armes de sa passion , luy demandant pour nous par ses Divins Mysteres , tout ce dont nous avons besoin ;& luy disant en sa priere, com-me David , *Memento , Domi-ne David , & omnis mansuetu-dinis ejus :* Mon Dieu , sou-venez-vous de toute la dou-ceur & patience que j'ay euë en ma mort, je vous conjure par toute ma vie penitente, d'avoir pitié de mes enfans.

Autre motif de confiance, de
l'intercession des Saints, qui
prient pour nous en Jesus-
Christ, & par Jesus-Christ.

Leçon II.

D. **A**pprenez-moy enco-
re quelque chose sur
ce sujet pour augmenter ma
confiance en Jesus-Christ.

R. Tout ce que demande Jesus-Christ à son pere, tous
les Saints le demandent avec
luy, ainsi que je l'apprens de
l'Apocalypse, où il est dit,
J'ay ouy une voix du Ciel, comme
la voix de plusieurs eaux, &c &
la voix que j'ay ouïe, étoit com-
me le son des joüeurs de harpes,

‖ Audivi
vocem de
cœlo tan-
quam
vocem,
aquarum
multa-
rum, &c.
Et vocem
quam au-
divi sicut
citharoe-
dorum
cithari-
zantium
in citharis
suis.

joüans de leurs harpes.

D. Enfeignez moy : s'il vous plaît, ce que cela veut dire ?
R. Il faut fçavoir que dans l'Ecriture, les Peuples font fignifiez par les eaux ; & que les Saints dans leurs harmonies Celeftes, font comparez aux joüeurs de Harpes. Or, les Saints & les Juftes font comme des échos, qui font entendre à Dieu la voix de Jefus-Chrift qui les remplit ; fi bien, que tout ce que demande Jefus-Chrift dans la priere, lors que vous priez & avec luy & en luy, toute l'Eglife du Ciel & de la Terre le demande avec luy. Voyez fi ce n'eft pas là un bon fujet de confiance, & avec quelle foy vous devez venir à la Priere,

D. Mais

'A quæ quas vi. difti, &c. Populi funt. *Apoc.* 17. 15.

D. Mais puisque les Saints ne font que des échos qui ne retentissent que de la Priere de Nôtre-Seigneur, il semble que nous n'avons pas besoin de nous addresser à eux, & qu'il suffit de nous addresser à Nôtre-Seigneur?

R. L'Eglise a intention que l'on aille chercher Jesus-Christ en ses Saints, & nous sommes bien plus assurez de le trouver dans ses Saints, par exemple, dans la Sainte Vierge, en Saint Joseph, en saint Jean, en saint Pierre, que lors que nous le cherchons immediatement, & par nous mêmes.

Quand nous allons chercher Nôtre-Seigneur en la trés-Sainte Vierge, que la Sainte Eglise appelle nôtre

'Ad Patrem verebaris accedere, &c. IESUM tibi dedit mediatorem, &c. Sed forsitam & in ipso Majestatem vereare Divinam &c. Advocatum habere vis & ad ipsum, ad Mariam recurre, &c. Nec dubius dixerim, Exaudietur & ipsa pro reverentia sua. Exaudiet utique matrem Filius, & exaudiet Filium Pater. Filioli, hæc pec-

Advocate auprés de Jesus-Christ, nous sommes asseurez, selon saint Bernard, qu'-aussi-tôt elle est en priere pour nous auprés de son Fils, qui se souvient de la puissance qu'il luy a donnée sur luy-même en qualité de Mere, pour ne la luy ôter jamais ; parce que la grace & la gloire perfectionnent la nature, & ne luy font jamais perdre ses droits. Aussi-tôt la Sainte Vierge obtient que Jesus-Christ se mette en priere pour nous, & elle obtient ce que nous ne sommes pas asseurez d'obtenir par nous-mêmes, car nous sommes tres-indignes d'approcher de Jesus, & il a droit de nous rebuter par sa justice, puis-qu'étant entré dans tous les ſentimens de ſon Pere depuis ſa ſainte Reſurrection, *nunc per omnia Deus*, il ſe trouve dans les mêmes diſpſitions du Pere contre les pecheurs pour les rebuter ; ſi bien que la queſtion & la dificulté eſt, de luy faire changer ſa qualité de Juge en celle d'Avocat, & de jugeant le rendre ſuppliant ; ce que font les Saints, & particulierement la trés-ſainte Vierge.

N'avez-vous pas ſouvent ouy ces paroles de ſaint Paul, *Qui mange & boit indignement* le Corps & le Sang de Nôtre-Seigneur, *il mange & boit ſon jugement.* Jeſus-Chriſt eſt dans le Saint Sacrement, reſſuſcité & plein de gloire ; & bien qu'il ſoit dans un Sacrement de bonté & de miſe-

catenin ſcala, hæc mea maxima fiducia eſt, hæc tota ratio ſpei meæ. *S. Bern. ſerm. in Nativi. B. Mar. de aquæductu.*

S. Ambr. ſe. de ſeſer.

Qui man- ducat & bibit in- dignè ... non man- ducat & bibit. 1. ad Cor. 11. 29.

ricorde, il y exerce toutesfois
ses jugemens par des condam-
nations fort ordinaires, *Mors
est malis, vita bonis.* Il faut
donc aller à un Sacrement
qui soit purement de misericorde, & où Jesus-Christ
n'exerce aucun jugement, &
ce Sacrement est la trés-Sainte Vierge ; & c'est par elle
que nous avons accés auprés
de JESUS-CHRIST en
toute confiance. Si nos Heretiques avoient compris de
la sorte la priere des Saints, jamais ils n'auroient osé la con-
damner. Allons donc à Jesus-
Christ par tout où il est, &
dans la sainte Vierge, & dans
les Saints ; allons avec foy à
eux, que nous sçavons être
parfaitement agreables à Jesus-Christ ; prions les qu'il

*S. Bern.
sern. in
signum
magnum.*

nous donnent accés auprés de luy, & qu'ils le conjurent d'interceder pour nous auprés de son Pere ; & ainsi, chaque Saint fera même prier toute l'Eglise & tous les saints par Jesus-Christ, qui étant touché de leurs sollicitations, remplira toute l'Eglise de son Esprit & de sa Priere.

Que le Saint Sacrifice de l'Au-
tel est le même avec le Sacri-
fice de la Croix, & que Nôtre-
Seigneur porte en celuy là les
mêmes dispositions qu'il a eües
en celuy-cy.

Leçon III.

FAites-moy une grace, s'il vous plaît, donnez-moy éclaircissement de ce que vous me disiez tantôt ; à sçavoir, que le Saint Esprit continuoit d'operer toûjours dans l'ame de Jesus-Christ, les sentimens qu'il y avoit une fois commencez ; & que Nôtre Seigneur portoit par tout ces mêmes operations, soit dans le cœur des

Dominus in eis, in Sina, in Sancto Ps. 67. &c.

Fideles, ſoit dans le tres-ſaint Sacrement , ſoit dans le ſein de Dieu ſon Pere.

R. Voilà une demande bien importante , & dont l'éclair-ciſſement eſt merveilleuſe-ment utile pour faire enten-dre trois grandes difficultez, dont l'une touche le ſaint Sa-crifice de l'Autel ; l'autre re-garde la ſainte Communion des Fideles, & la troiſiéme, la Priere mentale & vocale. Or pour commencer à vous ex-pliquer ce que vous deſirez,il faut ſçavoir cette verité fon-damentale , que Nôtre Sei-gneur eſt le chef-d'œuvre de Dieu ſon Pere , appellé dans l'Ecriture , l'Oeuvre de Dieu *Habac.* par excellence : *Domine Opus tuum , in medio annorum vivifi-ca illud.* Les Patriarches & les

N iiij

Prophetes , qui soûpiroient continuellement aprés Nôtre Seigneur, l'appelloient de la sorte ; & entr'autres , le grand & excellent Prophete David , qui dit de luy : *Confessio & magnificentia Opus ejus* , la grande Oeuvre de Dieu est Jesus-Christ , dont l'interieur est tout remply de confession & de reconnoissance des grandeurs de son Pere , qui loüe luy seul plus pleinement que toute l'Eglise du Ciel & de la Terre , plus que tous les saints & les Anges , *Confessio & magnificentia Opus ejus.* Nôtre-Seigneur l'Ouvrage de Dieu , n'est pas seulement en son interieur la confession des loüanges de son Pere , mais il est encore le receptacle de toute la bonté & ma-

gnificence de Dieu fur l'Eglife : & au langage de S. Paul,
c'eſt en lui & par lui que Dieu
le Pere a verſé ſur nous ſes
ſaintes benedictions, *benedixit* *Ad Eph.*
nos in omni benedictione ſpirituali *c. 3.*
in cæleſtibuss in Chriſto. Si bien
que par là vous commencez
à comprendre quelque cho-
ſe de Nôtre-Seigneur, & à
reconnoître comme il eſt le
chef-dœuvre de Dieu, & le
ſanctuaire parfait du Saint
Eſprit, remply de toute la
religion imaginable envers
Dieu ſon Pere, & de toute
la charité poſſible envers ſon
Egliſe. Or, ce feu que le ſaint
Eſprit a une fois allumé, ne
s'éteint jamais ; & la même
ferveur interieure qui étoit
en Nôtre-Seigneur ſur la
Croix, pour ſe ſacrifier à la

gloire de Dieu son Pere, &
pour operer nôtre salut,
continuë encore en luy dans
le Saint Sacrifice de l'Autel,
& continuëra jusques à la fin
du monde.

Par là, on explique nette-
ment la difficulté des Heretiques, qui disent que le Sacrifice de l'Autel n'est qu'une
memoire du Sacrifice de la
Croix, à cause de ces paroles faussement & malicieuse-
ment entenduës, *faites cecy en
memoire de moy*: Car il faut sçavoir que c'est la même Hostie qui est offerte, que c'est
le même interieur, que ce
sont les mêmes dispositions
de cœur, que c'est le même
Jesus Christ qui est present
au saint Sacrifice de l'Autel,
comme sur la Croix: Et ainsi

Hoc fa-
cite in
meam
comme-
moratio-
nem.
Luc 22.
19.

ce n'eſt que le même Sacrifice continué, & qui continuëra juſquesà la fin des ſiecles,
quoy que ſous un exterieur
fort differend, puiſque ſur la
Croix Nôtre - Seigneur paroît verſant ſon Sang, jettant
des larmes, criant à haute
voix, & ſur l'Autel, il paroît
en ſilence, & il eſt ſans marque ſenſible de ſa nature humaine : de ſorte que ce qu'il
diſoit à ſes Apôtres ; *faites
cecy en memoire de moy*, étoit
ſeulement pour les avertir,
qu'offrans en ce Sacrifice veritable de l'Autel, ſa perſonne cachée ſous les voiles du
pain, ils ſe ſouvinſſent de la
charité qu'il a montrée viſi-
blement ſur le Calvaire & ſur
la Croix & de la religion envers ſon Pere, qu'il y a fait

paroître aux yeux de tout le monde. Or apprenez qu'en Nôtre - Seigneur, aussi bien que dans le reste des Chrêtiens ses membres, le principal n'est pas l'exterieur des œuvres qui paroissent ; mais que ce qui doit être le plus consideré est l'operation secrete & interieure du saint Esprit, qui est l'auteur & le principe de toutes les bonnes œuvres ; & que c'est aussi en quoy Dieu se complaist davantage. Et comme cét auguste interieur de Jesus-Christ est le même sur la Croix & sur le Saint Autel, sous les voiles du pain & sous les voiles de la chair ; c'est encore là ce que nous devons le plus estimer & honorer dans le sacrifice de Nôtre - Seigneur, qui a commencé ſur la Croix, & qui continuë ſur les ſaints Autels.

D. Je vous ay bien de l'obligation, de m'avoir expliqué cette difficulté ſur le S. Sacrifice ; je tâcheray avec l'ayde de Nôtre-Seigneur d'étudier bien cette Leçon devant Dieu, pour en faire mon profit : ſur tout, quand j'entendray la ſainte meſſe, me reſſouvenant de la Mort & Paſſion de Nôtre-Seigneur, & des témoignages viſibles qu'il nous y a rendus de ſon amour, en même-tems que ce même Seigneur eſt là preſent remply de charité pour nous : ce qui me ſemble me devoir exciter puiſſamment à ſervir ce grand Maître, & à ſouffrir toutes choſes pour

ſon amour. Mais, eſt-ce là
tout le fruit que vous preten-
de que je retire de cette Leçon ?

R. C'eſt aſſez pour cette heure, je ſuis bien aiſe que Dieu
vous ouvre l'eſprit, pour
vous faire comprendre les
veritez Chrêtiennes, & le
profit qu'il en faut tirer.

*Qu'on peut recevoir la Sainte
Communion, pour le bien
& profit des autres.*

Leçon IV.

D. SI j'oſois je vous de-
manderois encore
qu'il vous pleût de m'éclaircir la ſeconde difficulté qui
eſt ſur la ſainte Communion,

dont vous m'avez parlé dans
la Leçon precedente ; pour-
ce que j'ay l'honneur d'approcher souvent de la sainte
Table , par l'avis de mon
Confesseur ?

R. Je le veux bien , parce
qu'il n'y a rien que je sçache
être utile à une ame, que de
tout mon cœur je ne veüille
vous declarer. Cette difficulté est à present fort commune, & elle ne se répand que
trop pour inquieter les esprits
dans la devotion qu'ils ont
de communier souvent : car
plusieurs bonnes ames , que
Nôtre-Seigneur reçoit à la
sainte Communion de son
Corps & de son Sang, sont
souvent attirées à Commu-
nier pour le soulagement des
Ames du Purgatoire, ou pour

le foulagement des infirmitez de leurs freres, & auffi
pour demander à Dieu plus
efficacement quelque grace
importante à leurs ames, au
bien du prochain, & à la fan-
ctification de l'Eglife. Et
néanmoins il fe trouve des
perfonnes qui condamnent
ces intentions, difans, l'adoration & la foy d'une ame
qui communie, eft-ce une fi
grande œuvre ? fa Commu-
nion peut-elle foulager les
ames du Purgatoire ? peut-
elle attirer la benediction fur
toute l'Eglife ?

Cette difficulté ne vient
que du pur deffaut d'entendre la valeur & le merite extrême de la fainte Commu-
nion des Fideles. Or fçachez
ces belles paroles de Nôtre
Seigneur,

Seigneur, qui portent une grande inſtruction avec elles, *Qui mange ma Chair & boit mon Sang, demeure en moy, & moy en luy.* Voilà des paroles d'une grande conſolation pour toute l'Egliſe, & pour chaque particulier qui communie. Elles expliquent bien les intentions principales de Nôtre - Seigneur dans ſon banquet Nuptial, où il feſtine l'ame, & la traite comme ſon Epouſe, témoignant qu'il entre par la ſainte Communion dans toutes les intentions de ſon Epouſe : comme auſſi elle de ſon côté, entre dans toutes celles de Jeſus - Chriſt ſon Epoux. C'eſt là le point parfait du Mariage de Nôtre-Seigneur avec l'ame, où il il ſe fait par-

Qui mā-duc̄at meam carnem, & bibit meum ſanguiné in me manet & ego in illo.
Ioan. 6. 57.

faitement un avec elle, & ou
il l'a fait être une même
chose avec luy, de même
qu'il est Un avec son Pere, &
que son Pere est Un avec
luy.

Cela supposé, lors qu'une
ame communie au Corps &
au Sang de Jesus Christ, elle
entre dés ce moment dans
tous les desseins & intentions
de Nôtre - Seigneur, & elle
use de Iesus - Christ comme
d'une chose sienne : si bien
que communiant avec intention de soulager une ame du
Purgatoire, ou avec dessein
d'attirer benediction sur toute l'Eglise, elle a droit en
vertu de ce saint Mariage
d'employer toutes les prieres
de Iesus. Christ, & son zele,
sa faveur, ses merites & ses

souffrances , pour l'accom-
pliffement de fon deffein : elle a droit & pouvoir de faire
tourner les prieres de Iefus-
Chrift du côté qu'il lui plaift,
& de luy faire demander tout
ce qu'elle veut pour le bien
de l'Eglife : De forte que ce
qu'elle feroit honteufe de
demander par elle - même,
n'étant pas digne d'obtenir
la moindre chofe , quand elle
vient à le demander par Iefus-Chrift , elle voit que c'eft
trop peu de chofe pour ne le
pas obtenir.

Ne voyez-vous pas bien
que celuy *qui a efté exaucé* de
fon Pere *pour fa reverence* ,
pendant qu'il vivoit fur la terre , eft le même qui prie dans
l'ame, & que ce qu'il demande fur la terre auffi bien que

Qui in diebus carnis fuæ, &c. exauditus eft pro fua reveren-tia. ad Heb. 5. 7.

dans le fein de fon Pere, il l'obtient en confideration des grandeurs de fa perfonne & de fa nature Divine, & par les mérites infinis de fes prieres, de fes fouffrances, & de fes l'armes, qu'il tient toûjours prefentes à Dieu, comme dit l'Apôtre : *Apparet vultui* DEI *pro nobis*, il fe tient toûjours prefent aux yeux de Dieu le Pere pour nos intentions ; & comme le dit encore ailleurs faint Paul, *femper vivens ad interpellandum pro nobis* : Il eft *toûjours vivant pour prier pour nous.* Jefus-Chrift a voulu furvire à luy-même comme Ifaac, & vivre aprés fa mort & fon faint Sacrifice, afin d'interceder toûjours pour nous, & pour tous nos befoins.

Le cœur d'une ame qui Communie est un Temple, c'est un Autel, c'est une Image du sein de Dieu le Pere ; & dans ce cœur Jesus - Christ Nôtre - Seigneur s'offre à Dieu comme sur le Calvaire, & continuë ses mêmes sentimens & les mêmes prieres qu'il faisoit en mourant.

***

Que Nôtre - Seigneur Jesus - Chrift est habitant en nous, & que nous pouvons en tout temps communier à luy spirituellement.

Leçon V.

D. JE ne sçaurois exprimer les sentimens d'estime & de respect, que Dieu me donne pour le trés-Saint Sacrement de l'Autel, ensuite de ce que vous m'avez enseigné; Que c'est un grand tresor que de porter en soy Nôtre Seigneur Jesus Christ, remply de la Divinité de son Pere, & de tous les tresors de la sagesse, & de la science Divine?

R. Il est bien vray, & c'est pourquoy saint Paul dit que nous portons des tresors dans des Vases d'argille. C'est là cét excés de charité, par laquelle, comme parle le même Apôtre, Dieu nous a voulu montrer l'abondance des richesses de sa grace, en nous donnant son Fils, le caractere de sa substance, & la splendeur de sa gloire & de sa beauté, qui est cette Hostie

admirable de loüange, & la
source de la vie Divine, & de
tout le merite de l'Eglise.

Je vous veux encore apprendre un beau secret pour
augmenter vôtre amour envers Dieu, c'est qu'il nous a
donné son Fils pour habiter
en nous, non seulement dans
le tems que nous Communions à son Corps & à son
Sang, mais encore dans tous
les momens de nôtre vie.

D. Que dites-vous là : Nôtre-Seigneur habite-t'il en
nous autrement que par la
tres-sainte Communion ?

R. Oüy, & c'est icy la troisiéme difficulté qui touche la
Priere, comme je vous ay dit
tantôt, & dont l'explication
que je vais vous donner, servira de fondement pour é-

Secu[n]-
[dum o]pera-
mentibus
abu[n]dan-
tes divi-
tia, gra-
tiæ suæ in
bonitate
super nos
in Christo
JES J.
Ad Eph.
4. & 7.
Splendor
gloriæ, &
g[ra]
sub. tantie
eju.
Ad Hebr.
1. 3.

claircir ce que j'ay à vous dire de l'Oraison. Or , que Nôtre Seigneur habite en nous autrement que par la sainte Communion : ce n'est pas moy qui vous le dit , c'est S. Paul par ces paroles, *Christum habitare per fidem in cordibus vestris.* Jesus Christ habite en nos ames, y operant la vie Divine , qui est toute comprise sous le nom de foy. Il n'habite pas seulement en nous comme Verbe par son immensité , pour operer les œuvres de la nature , & pour nous donner la vie humaine; mais il habite aussi en nous comme Christ par sa grace , pour nous rendre participans de son Onction & de sa vie Divine.

D. Si cela est ainsi, nous pouvons

vons donc souvent Commu-
nier à la grace de Nôtre-Seigneur Jesus-Christ.

R. Oüy.

D. Il ne seroit donc pas besoin de nous approcher du
saint Sacrement de l'Autel,
puisque nous portons toû-
jours Jesus-Christ en nous,
& que nous pouvons si souvent Communier à sa gra-
ce ?

R. Vous m'excuserez, quoy
que Nôtre-Seigneur soit en
nos cœurs pour y répandre à
tous momens les graces de sa
vie Divine : cela ne nous doit
pas empêcher d'approcher
du saint Sacrement ; car ce sacrement nous donne des graces speciales & plus abondan-
tes, que celles que nous recevons hors de ce Sacrement,

par la seule Communion spirituelle. Les graces qui se
donnent par le Sacrement,
se donnent selon la mesure de
la grande charité de Dieu,
dont les abîmes sont infinis :
mais ce que nous recevons
journellement par l'Oraison
& par les soûpirs de nôtre
cœur se donne à proportion
de la mortification du vieil
homme, & de la fidelité que
nous avons à renoncer à
nous-mêmes, & à toutes les
recherches secrettes de la
nature : cela dépend encore
des sentimens de foi, de charité, d'humilité, & d'autres dispositions particulieres, dont
nous vous parlerons ailleurs.
Et comme l'infidelité de la
créature y est souvent mêlée ; les communications de

Jesus-Chrift, & les communions à fa vie interieure, font
auffi fort rares & fort foibles;
la créature gâte tout, &
empêche les grands deffeins
de Dieu fur nous.

Que je fouhaiterois que les
Chrêtiens connuffent leur
bonheur, fçachans qu'ils ont
en eux le trefor precieux de
Jefus, dans lequel & avec lequel ils peuvent operer tant
de chofes à la gloire de Dieu;
faifons une continuelle at-
tention à cette grande verité
que Jefus-Chrift eft en nous
pour nous fanctifier, & en
nous-mêmes, & en nos œu-
vres, & pour remplir de luy
toutes nos facultez : il veut
être la lumiere de nos efprits,
l'amour & la ferveur de nos
cœurs, la force & la vertu de

toutes nos puiſſances , afin qu'en luy nous puiſſions connoître , aimer , & accomplir les volontez de Dieu ſon Pere , ſoit pour agir à ſon honneur , ſoit pour ſouffrir & endurer toutes choſes à ſa gloire.

De la maniere de faire la Communion Spirituelle, & de s'unir & communier à l'Eſprit de Notre Seigneur, en toutes nos œuvres.

Leçon VI.

JE deſirerois bien de joüir du bonheur & de l'avantage dont vous m'avez parlé, & pour cela je vous ſupplie de m'enſeigner à Communier ſouvent en eſ-

prit pendant le jour, & à bien
uſer d'une ſi ſainte pratique.
R. Je le veux bien, & je le
feray en peu de mots, aprés
vous avoir fait remarquer
que Nôtre-Seigneur Ieſus-
Chriſt parlant à ſes Diſciples
leur diſoit ; que ſa viande
& ſa nourriture ſpirituelle
étoit de faire la volonté de
Dieu ſon Pere, & qu'il operoit toutes choſes avec ſon
Pere, & en la vertu de ſon
Pere. *Pater meus uſque modò
operatur & ego operor :* mon
Pere, dit-il, fait toutes les
œuvres en moy & avec moy,
& auſſi je fais tout en luy &
avec luy, & les operations de
mon Pere ſont ma nourriture. Or apprenons de là, que
comme Jeſus-Chriſt operoit
tout en ſon Pere & avec

Meus ci-
bus eſt ut
faciam
volunta-
tem ejus
qui miſit
me , ut
perficiam
opus ejus
Ioa 34.

P iij

fon pere, il faut auffi que nous operions tout en Nôtre-Seigneur, & avec Nôtre-Seigneur, parce qu'il eft venu babiter en nous pour nous vivifier de fa vertu, pour nous remplir d'une grace capable de nous fanctifier en tout, pour rendre toutes nos œuvres agreables à Dieu fon Pere, & afin que fe répandant en nous il ferve de nourriture à nos ames.

D. Mais comment eft-ce que cela fe fait? je ne l'entens pas?

R. Ne vous en étonnez pas, Nôtre-Seigneur a prévenu vos plaintes & vos foûpirs, quand il a dit à fes Difciples; *In illo die vos cognofcetis, quia ego fum in Pater meo, & vos in me, & ego in vobis* Vous connoîtrez au jour du Jugement, que de même que Dieu mon Pere eſt en moy, & que je ſuis en luy, je ſuis en vous, & vous en moy; & comme mon Pere demeurant en moy fait mes œuvres : *Pater in me manens ipſe facit opera ;* ainſi demeurant en vous, je feray vos œuvres , & vous ferez les miennes , comme je fais celles de mon Pere.

D. Si cela eſt ainſi , & que cette connoiſſance ſoit remiſe au jour du Iugement : de-quoy me peut-elle ſervir , pour me faire operer maintenant en Ieſus-Chriſt ?

R. Quoy que vous ne le connoiſſiez pas diſtinctement , & que vous ne le compreniez pas, il eſt néanmoins bien-aiſé à la Foy de vous le faire faire. C'eſt aſſez de croire ,

il ne faut pas voir , ni connoître clairement. N'est-il
pas vray qu'il vous suffit de
croire les Mysteres que la
Foy vous enseigne , sans les
voir. Contentez-vous aussi de
sçavoir , que la Foy vous or-
donne d'operer en Iesus-
Christ & avec Iesus-Christ.
L'Eglise le dit tous les jours à
la sainte Messe : *Tout honneur
& toute gloire soit renduë à* Dieu
le Pere par Iesus-Christ *avec* Iesus-Christ *& en* Iesus-Christ :
c'est assez de le croire, sans le
vouloir comprendre.

D. Ie vous prie donc de m'enseigner comment il faut operer en Nôtre-Seigneur , &
avec N. S. puisque c'est un
moyen que la Foy me donne
pour agir chrétiennement ?
R. Ie suis tres-aise de ce que

Per ipsũ & cum ipso, & in ipso est ti-bi DEO. Patriom-nipotenti in unitate Spiritus sancti, omnis honor & gloria.

vous vous attachez à cette inſtruction;auſſi eſt-elle tres-importante : & ſi je vois que vous pratiquiez la Leçon que je vais vous donner, qui ſera courte & en deux mots, & que vous pourrez appliquer à toutes vos œuvres : je vous donneray un petit Exercice Chrêtien ſur toutes les actions de la journée , où vous verrez diverſes inten-tions d'eſprit & diſpoſitions de cœur, dans leſquelles vous pourrez faire toutes vos actions,afin de les faire chré-tiennement. C'eſt en ce point que conſiſte toute la perfection , d'operer toutes les Oeuvres à la gloire de Dieu en Nôtre-Seigneur, & avec Nôtre Seigneur ; & c'eſt ce que ſaint Paul appelle vivre *à* Dieu *en* Iesus-Chrift.

D. Et attendant , donnez-moy , je vous prie , ce petit mot d'inftruction que vous me promettez ?

R. Le voicy , nous avons dé-ja dit , felon faint Paul , que Iefus-Chrift habite en nous par la Foy , qu'il y opere , & qu'il veut que nous nous fer-vions de la Foy pour recourir à luy & nous unir à luy , afin d'operer tout en luy , & avec luy : & que nous ne faffions point les actions en nous-mê-mes & pour nous-mêmes , parce que tout ce qui eft en nous qui n'eft point de Iefus-Chrift ne porte point à Dieu: nos intentions & nos pen-fées tendent au peché , par la corruption de nôtre nature; & fi nous venons à agir en

Viventes
Deo in
Chrifto
J E S U
D. M.
Ad Rom.
6. 1.

nous-mêmes, & à suivre la pente de nos sentimens, nous opererons en peché. Vous voyez par-là, combien il faut être soigneux au commencement de vos Oeuvres de renoncer à tous vos sentimens, à tous vos desirs, à toutes vos propres pensées, à toutes vos volontez, pour entrer, selon saint Paul, dans les sentimens & les intentions de Jesus - Christ, *Ad Phili. 2. 5.* *Hoc sentite in vobis quod & in Christo IESV :* Ayez en vous, dit cet Apôtre, *les mêmes sentimens de* Iesus - Christ, pour vivre en toute pieté & religion envers Dieu, en toute justice envers le prochain, en toute sainteté envers vous mêmes, & sobrieté envers la Créature ; & c'est ce que

eulo.
Ad Tit.
2. 12
Matt. 16.
24.

le Fils de Dieu avoit dit en deux mots à fes Difciples : *Si quis vult poſt me venire, abneget femetipfum , &c. & fequatur me :* Si quelqu'un defire de me fuivre pour vivre Chrétiennement, qu'il renonce à tout foy-même en toutes fes actions, & qu'il adhere à mon efprit pour operer en fa vertu à la gloire de Dieu mon Pere.

Application de la precedente doctrine, à l'Exercice de l'Oraifon.

LEÇON VII.

D. **J**E vous fupplie de me faciliter la pratique que vous m'avez donnée en la leçon precedente, & de l'appliquer à quelque action de la journée ; car j'ai besoin d'être instruit sur les choses spiri-tuelles.

R. Tres-volontiers ; & d'autant plus que vous avez envie de pratiquer ce que l'on vous enseigne. Or, je le ferai sur le sujet même de la Priere, qui est la matiere de toutes ces leçons, pour achever de vous éclaircir la troisiéme difficul-té que nous avons tantôt proposée, & commencé à resoudre : Aussi bien on ne sçauroit assez parler de l'O-raison ; puis qu'elle est l'ac-tion la plus importante de toute la vie des Chrestiens.

Quand donc vous voudrez commencer vostre Oraison, la premiere chose qu'il faut faire, est de renoncer à vous-

même, & à vos propres in-
tentions.

D. Pourquoi renoncer à mes
propres intentions quand je
vas prier ? La Priere n'eſt-elle
pas une bonne œuvre ?

R. Sçachez que tout ce que
fait la creature par elle-même, eſt rempli d'amour propre, & d'orgueil ſecret. Par
exemple, en ce ſujet dont
nous parlons, combien y a-t-
il de perſonnes qui vont à la
Priere, afin de demander à
Dieu la ſanté, le gain d'un
procés, des richeſſes, des
honneurs, & le tout eſt ſouvent pour goûter les vo-
luptez du monde, pour ſatis-
faire à leur ambition, & pour
ſe vanger de leurs ennemis ?
En tout cela, il n'y a rien
pour Dieu, ni pour le bien

de l'ame ; toutes ces intentions tendent au peché, & à la satisfaction de l'amour propre. Vous voyez donc bien comme il faut renoncer à soi-même, & aux intentions malignes & secrettes qui se rencontrent dans les bonnes œuvres.

D. Comment donc faudra-t-il faire ?

R. Vous mettant à genoux, tout couvert de confusion de vostre malice interieure, vous direz d'abord, selon le conseil de Nostre-Seigneur Jesus-Christ : Mon Dieu, & mon Tout, je renonce à moi-même, & aux inclinations de peché dont je suis tout rempli ; je vois bien que je ne puis vous prier en moi même, ni par moi-même : je déteste de tout mon cœur, tout ce qui vous peut déplaire en moi ; & pour couvrir mon iniquité & ma malice, & avoir quelque accés auprés de votre Divine Majesté ; je me donne à Jesus-Christ votre Fils qui habite en moi, & qui est la priere & la loüange de toute vôtre Egli-se, *laus mea tu es.*

Jerem. 17. 14.

Le Prophete David, qui avoit ces mêmes sentimens & ces mêmes dispositions, se livroit à l'Esprit de Jesus, qui regnoit en lui, afin de s'acquitter de sa priere en cet Esprit Divin, qui lui étoit donné par avance. C'est pourquoi il disoit à Dieu dans un de ses Pseaumes ; vous avez une loüange éten-duë par toute l'Eglise de la Terre

Secúdùm nomen tuum, sic & laus tua in fi-nes ter-ræ.
Ps 47. 11

Terre, & qui eſt égale à vous. Or, cette loüange n'eſt autre que Jeſus-Chriſt, qui repreſente & qui dit en ſoi tout ce qu'eſt Dieu ſon Pere, & qui lui rend auſſi une gloire égale à lui même, *Secundùm nomen tuum, ſic & laus tua.* O, que le Chreſtien eſt heureux d'avoir ainſi dans les mains dequoi donner à Dieu une gloire qui lui eſt égale, & qui comprend toutes ſes loüanges! Et ce même Prophete parlant ailleurs dans ſon langage prophetique & plein de figures, de l'Oraiſon de l'Egliſe, décrit cette même Egliſe comme un chariot qui porte des milliers de Chreſtiens, qui loüent Dieu & ſe réjoüiſſent en ſa preſence : Et ajoûte,

Q

que l'Esprit de Nostre-Seigneur Jesus Christ est au milieu d'eux pour estre leur Cantique, *Currus Dei decem millibus multiplex, millia latantium : Dominus in eis in Sina in Sancto.* Ce même Jesus qui louë en eux, celui-là même est dans le sein de Dieu, & dans le Saint Sacrement, où il rend tous les devoirs imaginables de respect & d'honneur à sa Divine Majesté, & où il est encore appliqué à la priere de l'Eglise, pour demander les besoins & les necessitez d'un chacun.

La Methode de l'Oraison.

Leçon VIII.

D. A Prés avoir renoncé à moi même, & purifié mon cœur au commencement de l'Oraison, & aprés m'estre uni en esprit à Nôtre Seigneur, que faut-il que je fasse ?

R. Vous avez deux choses à faire, comme nous l'enseigne l'Oraison Dominicale, & que nous vous expliquerons plus amplement ailleurs. La premiere est d'adorer, de loüer & de glorifier Dieu. La seconde est, de lui demander nos besoins.

D. Sont-ce-là les deux parties de l'Oraison ?

R. Oüi, la premiere s'appelle l'Adoration ; la seconde, la Communion.

D. Pourquoi commencez-vous par l'Adoration ?

R. Premierement, parce que des deux fins qu'a l'Oraison, la premiere & principale est d'honorer & de glorifier Dieu.

Secondement, parce que la Sainte Eglise le pratique ainsi au commencement de ses prieres publiques, disant : *Venite adoremus, & procidamus ante Deum* : Venez, adorons & prosternons-nous devant Dieu.

D. Pourquoi appellez-vous cette premiere partie, *Adoration ?*

R. Parce que le mot *Adoration* dans l'Ecriture Sainte, est pris

souvent pour celui de religion, qui signifie une vertu
Chrestienne, laquelle porte
l'ame à l'aneantissement, à
l'admiration, aux loüanges,
aux remercimens, à l'amour,
en un mot, à toutes sortes
de devoirs & d'hommages
que nous devons rendre à la
Souveraine Majesté de Dieu,
en cette premiere partie de
l'Oraison.

D. Pourquoi appellez-vous
la seconde partie, *Communion?*

R. Parce qu'en cette partie
on se donne à Dieu pour
entrer en participation de ce
qu'il est, & dont il veut nous
animer. Or, la participation
& la communication que
Dieu donne de ses dons &
de ses perfections, est appel-

lée proprement *Communion*, & sur tout par les Peres Grecs, parce que par elle Dieu nous rend ses richesses communes. La participation au Corps de Jesus-Christ, s'appelle Communion Sacramentale; parce que ce Sacrement nous rend les biens de Jesus-Christ communs, & nous communique ses plus grands dons. La participation qui se fait dans l'Oraison, s'appelle Communion Spirituelle, à cause des dons que Dieu y communique, par la seule operation intime de son Esprit. L'ame, qui experimente quelque operation secrette en son cœur, se doit tenir en repos & en silence, pour recevoir toute l'étenduë des dons & des communications de Dieu, ſans vouloir operer par ſoi-même, ni faire des efforts qui troubleroient les opera-tions pures & ſaintes de l'Eſprit Divin en elle.

D. N y a-t-il que ces deux parties dans l'Oraiſon ?

R. On y ajoûte une troiſié-me partie, que les uns appellent les reſolutions, & qu'on peut nommer plus proprement la cooperation, qui eſt le fruit de l'Oraiſon, & qui s'étend à toute la jour-née.

D. Vous plairoit-il de m'expliquer que veut dire *Coope-ration*, & en quoi elle conſiſte ?

R. Aprés s'eſtre exercé dans la ſeconde partie de l'Oraiſon, en un deſir parfait d'imi-

ter Noftre Seigneur, fur ce
que l'on a adoré en lui en
la premiere ; & aprés lui en
avoir plufieurs fois demandé
la grace, & s'être tenu long-
temps en fa prefence, comme un pauvre mendiant,
qui ne fe laffe jamais de faire
connoître fes befoins, & de
tendre la main vers ceux
qui peuvent le fecourir : **La**
troifiéme partie confifte à
correfpondre & cooperer
fidelement à la grace qu'on
aura reçûë, faifant de bons
propos, prévoyant les occafions que l'on aura de les exe-
cuter dans la journée, &
s'abandonnant parfaitement
à la vertu de l'Efprit de Nôtre Seigneur Jefus-Chrift,
pour lui obéïr non feule-
ment dans le jour prefent,

mais

mais encore dans la suite de
sa vie.

D. Quelle difference met-
tez - vous entre la cooperation les resolutions?

R. C'est la même chose ;
mais ce mot de cooperation
marque plus expressé nent la
vertu du saint Esprit , duquel nous dépendons bien
plus dans les bonnes œuvres,
que de nôtre volonté , qui ne
pourroit rien , si elle n'étoit
émeuë & fortifiée de la vertu
du saint Esprit ; & au contraire , le mot de resolution,
marque plus expressément la
determination de noftre volonté, & semble moins donner à la vertu & au pouvoir
efficace de l'Esprit ; à qui
pourtant il faut demeurer
tout abandonné , afin qu'en

R

ſuite il agiſſe en nous dans les occaſions, qu'il nous faſſe ſouvenir de ſes deſſeins, & qu'il nous donne l'amour & la force de les accomplir. Si bien que l'on doit conclure l'Oraiſon par un delaiſſement, & par un abandon total de ſoy-même au ſaint Eſprit, qui ſera noſtre lumiere, noſtre amour, & noſtre vertu.

Que nous pouvons prier Dieu, encore bien que nous ne le connoissions pas parfaitement, & que nous ne sçachions pas mesme tous nos propres besoins; & que Nostre Seigneur n'est pas seulement Mediateur de Redemption, mais aussi de Religion.

Leçon IX.

D. J'Ay bien retenu ce que vous m'avez enseigné dans la leçon precedente, que les deux choses à faire dans la Priere, sont d'adorer & de glorifier Dieu, & ensuite de luy demander nos besoins. Mais j'ay là dessus quelques difficultez à vous proposer : car comment pourrois-je glorifier Dieu en mon ame, moy qui ne le connois pas?

De plus, je ne connois pas même les choses qu'il me faut demander à Dieu pour le bien de mon ame.

R. Vous dites bien; & ce sont là les raisons pour lesquelles Noftre Seigneur s'eft voulu faire la Priere de fon Eglife en general & en particulier. Il dit lui-même que *perfonne ne connoift le Pere, finon le Fils:* cela manifefte le peu de connoiffance que nous avons de Dieu. Saint Paul dit d'un autre cofté, *Quid oremus, ficut oportet, nefcimus:* nous ne fçaurions connoiftre ce qui nous eft bon, & ce que nous devons demander. Et non feulement voftre ignorance de Dieu & de vos befoins, vous

Neque Patrem quis novit nifi Filius. *Matt.* 11. 17.

Ad Rom. 8. 26.

empéche de prier ; mais de plus, vous manquez de force & de vertu pour pouvoir demander en vous. Or, S. Paul vous apprend que l'Esprit de Jesus-Christ doit estre le supplement de vostre ignorance & de vostre infirmité. *L'esprit de* Dieu *, dit-il, soulage nostre foiblesse, car nous ne sçavons pas ce que nous devons demander, ny la maniere de le demander ; mais c'est l'Esprit même qui demande pour nous, avec des gemissemens que nous ne sçaurions exprimer: Or, celuy qui sonde les cœurs, connoist ce que l'Esprit desire, & qu'il prie selon* Dieu *pour les Saints.* Ainsi, vous n'avez qu'à vous unir à cet Esprit Divin de Jesus-Christ : & Nostre Seigneur, qui vit en vous, suppléera à tout ce qui vous

Spiritus adjuvat infirmitatem nostram, nam quid oremus, sicut oportet, nescimus, sed ipse spiritus postulat pro nobis gemitibus inenarrabilibus, qui autem scrutatur corda scit quid desideret spiritus, quia secundum Deum postulat pro sanctis. *Ad Rom.* 8. 16. &

manque , puis qu'il y vient habiter pour ce dessein.

D. Le moyen de s'unir au S. Esprit de Jesus-Christ ?

R. Le saint Esprit de Jesus est en vous, comme Epoux de vostre ame, qui n'attend que vos desirs & vostre volonté : donnez-vous donc à luy, pour prier par luy & en luy, il sera vostre priere. Nôtre Seigneur en qualité de Mediateur de religion , est priere publique pour luy & pour toute l'Eglise ; mais l'Eglise ne prie pas en luy , si elle ne se lie à luy : il faut qu'elle fasse ce pas en la grace de Jesus-Christ, & qu'elle se donne au saint Esprit de Jesus, comme l'Esprit saint de Jesus se donne à elle. Dans le mariage Spirituel , il faut

Charitas Dei diffusa est in cordibus nostris per spiritum sanctum, qui datus est nobis. Ad Rom. 5. 5.

un don & un confentement mutuel des efprits ; Jefus en l'ame, l'ame en Jefus , tous deux font la priere , qui eft le fruit principal de l'alliance du faint Efprit de Jefus avec nos ames : fi bien que nos prieres font comme les enfans de ce mariage fpirituel : & fi vous demandez à qui eft la Priere, c'eft à l'ame en Jefus, & à Jefus en l'ame ; & d'en vouloir fçavoir davantage, c'eft vouloir violer le fecret de Jefus-Chrift en nous , & vouloir penetrer dans un Myftere qu'il veut tenir caché , auffi-bien que celuy des operations du Pere dans le Fils, & du Fils dans le Pere. A qui appartiennent les œuvres de Jefus, eft-ce au Pere, ou au Fils ? Elles font

& du Pere , & du Fils ; &
Dieu ne veut pas que la creature y cherche de diſtinction:
c'eſt aſſez de ſçavoir que Jeſus les fait en ſon Pere , &
le Pere en Jeſus , & avec
Jeſus.

D. Permettez-moy que je
vous interrompe. Vous m'a-
vez dit là un mot que je n'a-
vois jamais oüy dire, que Nôtre Seigneur eſtoit Mediateur de Religion ?

R. Il eſt vray que , comme
l'on dit ordinairement, Nôtre Seigneur eſt le Mediateur
de noſtre Redemption , parce qu'il a offert ſon Sang
à Dieu le Pere par le ſaint Eſprit pour noſtre ſalut, & qu'il
a donné ſa vie pour la noſtre,
qui n'étoit pas capable de
nous rachepter ; & ainſi il

a esté le supplément de nôtre principale debte, satisfai-
sant à Dieu pour nos pechez,
par sa mort, qui seule estoit
capable de satisfaire à la justice de Dieu. Mais ce n'é-
toit pas assez, nous estions
reliquataires à Dieu d'un million de devoirs religieux que
nous estions incapables de
luy rendre par nous-mêmes;
comme de l'adorer, de l'aimer, de le loüer ? & de le
prier, ainsi qu'il le merite, &
que nous y sommes obligez,
*Magnus Dominus, & laudabilis
nimis* : Nous avions besoin,
que le grand Maistre par sa
charité, servît encore de supplément à nos devoirs, &
qu'il fut le Mediateur de nôtre Religion ; & pour cela il
a voulu revivre aprés sa mort,

Pfal. 95.
4. & 47.
2. & 146.
5.

& estre toûjours vivant *ad interpellandum pro nobis*, dit saint Paul; c'est à dire, pour loüer & prier son Pere en nostre place, & à nostre defaut. Jesus Christ a fait cela dans la Loy, il le fait dans l'Eglise, & il le fera encore dans le Ciel; *Jesus Christus heri, & hodie, ipse & in sæcula :* Jesus-Christ, dit l'Apostre, estoit *hier*, il est encore *aujourd'huy*, & il sera *dans tous les siecles.* Par ce mot *hier*, il entend la Loy, *Mille anni tanquam dies hesterna quæ præteriit;* les siecles de la Loy ne sont que comme un jour passé. *Aujourd'huy,* c'est le temps de l'Eglise presente. Et *dans tous les siecles,* c'est l'Eternité, dans laquelle JE-SUS-CHRIST sera le supplément des creatures, &

le Mediateur de noſtre Religion.

***

*Suite de l'explication de la ve-
rité precedente. Eclairciſſemens
de la difficulté des Heretiques
ſur la Priere publique de l'E-
gliſe faite en latin*

LEÇON X.

D. **L**A derniere inſtruction que vous m'avez
donnée, m'invite bien à m'u-
nir à Noſtre Seigneur Jeſus-
Chriſt, ſçachant qu'il le deſire, qu'il eſt en nous pour ce
ſujet, & qu'il n'attend que
noſtre conſentement & nô-
tre recherche. Nous ſerions
bien malheureux, ſi reſſen-
tans la charité qui nous at-

tire à luy dans le fond de nos
cœurs, nous ne nous y laiſ-
ſions aller, & ſi nous n'y ré-
pondions pas : Et je crois que
c'eſt pour cela, qu'il y a des
Saints qui ont moins appre-
hendé les Iugemens de Dieu
pour leurs pechez, que pour
leurs infidelitez aux attraits
de la grace, ayans ainſi con-
triſté ſi ſouvent le ſaint Eſprit, & privé Dieu de beaucoup d'onneur qui luy eſtoit
deû , & que le ſaint Eſprit
pretendoit de luy faire rendre en nous & par nous. Et
c'eſt peut être encore pour
cela que ſainte Catherine de
Sienne s'accuſoit des pechez
de tout le monde , & diſoit
que par ſes infidelitez à la
grace, & à faute d'avoir obey
au ſaint Eſprit, qui l'appel-

loit fovvent à la loüange & à
la priere, & qui euſt operé en
elle beaucoup de ſacrez mouvemens capables d'appaiſer
Dieu, & d'attirer ſur les pecheurs ſa miſericorde, & enſuite la viſite de ſes graces efficaces & triomphantes, elle
avoit privé le monde de
beaucoup de ſecours. Je ſuis
tout confus en vous diſant
cecy ; car j'ay bien ſujet de
demander un million de par-
dons pour mes infidelitez,
& je vous prie de le de-
mander auſſi à D i e u pour
moy , & d'appaiſer ſes jugemens que j'apprehende beaucoup ?

R. Ie loüe Dieu, de ce qu'il
vous donne de ſentimens ſi
chretiens & ſi conformes à
ceux qu'il a donnez à ſes

Saints : & pour vous confir-
mer davantage en cette verité qui vous les a fait naiſtre,
que Noſtre Seigneur n'eſt
pas ſeulement Mediateur de
Redemption , mais auſſi de
Religion ; J'adjoûteray que
nous en avons une figure
dans le Preſtre de l'ancien-
ne Loy, qui entroit dans le
Saint des Saints , portant le
ſang des hoſties immolées, &
un encenſoir fumant, qui re-
preſentoit les enfans de l'E-
gliſe en leurs prieres, figurez
par les grains d'encens qui
eſtoient conſumez par le feu,
comme nos cœurs le font par
l'amour & par la charité de
Jeſus-Chriſt noſtre conſom-
mateur. Vous voyez par là
la reſolution d'une difficulté
des heretiques , qui ſe moc-

Levit. 16.
& Heb.
9.

quent du commun du peu-
ple, & des faintes Religieu-
fes de l'Eglife, qui chantent
en Latin, comme s'ils pfal-
modioient fans fruit, dans
un langage qu'ils n'enten-
dent pas : car l'ame allant à
la priere, n'a autre chofe à
faire qu'à s'unir à Jesus-
Christ, qui eft la priere
& la loüange de toute l'E-
glife : fi bien que l'ame eftant
unie à Noftre Seigneur, &
confentant de cœur à toute
la loüange qu'il rend à fon
Pere, & à toutes les deman-
des qu'il luy fait, elle n'eft
pas fans fruit; au contraire,
elle fait bien davantage que
fi elle prioit en fon efprit
propre, & qu'elle voulut fe
mêler d'adorer, d'aimer, de
loüer, & de prier Dieu par

elle·même, & par ses propres
actes. L'ame par cette union
devient plus étenduë que la
mer , elle devient estenduë
comme l'ame & comme l'Es-
prit de Iesus Christ, qui prie
dans toute l Eglise : & c'est
le genre de priere qui se pratique au Ciel : ainsi qu'on
voit dans l'Apocalypse , où
les Saints ne font que dire,
Amen , aux prieres de l'A-
gneau ; ce qui exprime l'u-
nion de leurs cœurs à Iesus-
Christ leur priere ; & que
confessans leur incapacité
pour loüer Dieu en eux mêmes, ils se perdent en Jesus-
Christ, pour dire à Dieu tout
ce que Jesus-Christ luy dit,
& en même temps tout ce
que dit l'Eglise en luy. C'est
à quoy aussi nous attiroit le
Prophete

Prophete David, quand il difoit, *Magnificate Dominum* Pf. 33. 4. *mecum, & exaltemus nomen ejus in idipfum : Venez, magnifions le Seigneur, & exaltons-le tous en la même priere.* Il faut donc faire comme les Enfans de la four-naife, qui magnifioient Dieu par un même efprit, une mê-me volonté, & un même cœur, & avec les mêmes dif-pofitions, & intentions de l'Efprit de Jefus-Chrift; car ce quatriéme qui parut avec eux dans le feu, eft dit, *fem-blable au Fils de Dieu, Similis Filio Dei.*

Hi tres quafi ex uno ore laudabãt & glori-ficabant & bene-dicebant DEUM. *Dan* 3. 51

D. in. 3. 92

Qu'on communie à la priere de Jeſus-Chriſt, & encore à tous ſes autres biens, en ſe donnant, & s'uniſſant à luy de cœur, & avec ſimplicité en l'Oraiſon.

Leçon XI.

D. JE ſuis bien convaincu qu'il eſt neceſſaire de recourir à Noſtre Seigneur Jeſus-Chriſt, pour faire quelque priere qui puiſſe eſtre agreable à Dieu, & que cette priere eſt mille fois plus avantageuſe & plus forte que ſi je la faiſois moy ſeul. Et je vois bien qu'il n'importe pas en quelle langue on prie, pourveu que l'on ſoit uny à Nôtre Seigneur Jeſus-Chriſt,

& que l'on communie à son Esprit & à sa priere. Mais il me reste deux petits doutes que vous me permettrez de vous proposer : Premiere-ment, suis-je asseuré que me donnant à Nostre Seigneur Jesus-Christ, je communie à sa vertu, & à la grace de sa priere ? Secondement, comment est-ce que je pourray sçavoir si je suis uny à luy ?

R. Pour répondre à vostre premiere question, souve-nez vous que l'Ecriture Sainte dit, qu'il n'y a qu'à cher-cher Dieu en simplicité de cœur : Sçachez que Nô-tre Seigneur est en nous qui nous attend les bras ouverts, il n'y a qu'à le chercher en toute simplicité, & à se don-ner à luy pour faire toutes

Sentite de Domino in bonitate, & in simplicitate cordis quærite illum. Sap. 1. 1.

nos œuvres & nos prieres
avec luy ; car il demeure en
nous pour eſtre l'hoſtie de
loüange de Dieu, il nous con-
ſidere comme ſes Temples,
pour le magnifier inceſſam-
ment par nous , en nous , &
avec nous , & il nous dit à
tous par la bouche de Da-
vid, *Magnifiez le Seigneur avec*
moy, & exaltons ſon Nom tous
enſemble. Nous n'avons donc
qu'à lui dire tout ſimple-
ment : Mon Seigneur Jeſus-
Chriſt , qui eſtes ma loüange , je me complais. , & me
réjoüis en toutes les loüanges que vous donnez à Dieu
voſtre Pere ; je m'unis & je
me donne à vous pour l'a-
dorer , & pour le prier par
vous , & avec vous : Ie ne
veux eſtre qu'une hoſtie de

Ioüange avec vous pour glorifier Dieu à toute Eternité.
Cela suffit, pourveu que nous
ayons dans le cœur l'affection
& le desir que nous lui témoi-
gnons par nos paroles, & il est
certain qu'alors nous communions à luy & à ses prieres.
D. Mais cela est-il vray? m'en
asseurez vous ?
R. Cela est vray, & si vray,
que si vous faites ainsi dans la
vraye & pure charité, je vous
asseure que vous en recevrez
un fruit merveilleux. Or, je
vous diray encore que cette
verité nous est assés marquée
dans le Symbole des Apôtres.
D. Ie ne me souviens point
de l'y avoir jamais leuë.
R. Elle y est neantmoins,
mais vous ne l'entendez pas,
& ne vous en appercevez pas

quand vous le recitez ; elle eſt dans la troiſiéme partie du Symbole, qui regarde la perſonne du ſaint Eſprit, & ſes operations dans l'Egliſe ; *Je crois au ſaint Eſprit, la ſainte Egliſe Catholique, la Communion des Saints*; c'eſt là le mot.

Credo in Spiritum ſanctum, ſanctam Eccleſiam Catholicam Sanctorum cõmunionem.

D. Je vous ſupplie de me le faire entendre : car je ne le conçois pas encore. Je ſçay bien que le ſaint Eſprit a formé l'Egliſe Catholique, & remply tous les cœurs des Fideles, & encore ceux des Saints du Paradis. J'ay bien entendu dire, que le ſaint Eſprit eſtoit le même qui rempliſſoit les Saints du Ciel, & qui remplit les juſtes du monde, & que quand nous avions la charité, nous avions la même vie que les Saints.

R. Le mot de *Communion des Saints* s'entend bien en partie comme vous le dites, mais il a encore un autre sens ; c'est à dire, qu'il y a pour les Fideles une communion dans l'Eglise à toutes les choses saintes qui y sont contenuës ; & que de même que l'on communie au sacré Corps de Jesus Christ & à son Sang, ainsi l'on communie à son Esprit, quand on a la devotion, & non seulement à son Esprit, mais aussi à toutes les choses saintes que produit cet Esprit ; de même que lors qu'on communie au tres-saint Sacrement de l'Autel, on ne communie pas seulement au precieux Corps & au precieux Sang de Jesus Christ, mais encore à son Esprit &

aux faintes operations que
cet Efprit répand dans l'interieur de Jefus-Chrift ; ce qui
eft un threfor ineftimable , &
que nous ne nous perfuade-
rons jamais fans la Foy. Ainfi
en eft-il à l'êgard de l'interieur admirable de la tres-
fainte Vierge , de S. Jofeph ,
de faint Jean , ou de quelque
autre Saint ; car confiderant ,
par exemple , l'interieur tout
divin de la tres. fainte Vierge , & les operations de fainteté , que l'Efprit de Dieu y
répandoit , on fe trouve fouvent attiré à vouloir communier fpirituellement au faint
Efprit , & aux graces inte-
rieures qu'il operoit dans cette tres - fainte ame ; ce qui
eft encore un threfor incom-
prehenfible , qui ne fera jamais.

mais penetré des creatures, Dieu en ayant reservé la connoissance à luy tout seul. Vous voyez donc par tout ce que je viens de vous dire, que vous pouvez communier à la Priere de Iesus-Christ, & aux autres operations de son Esprit, quand il vous plaist, vous unissant à luy avec un simple acte de foy & de charité.

Comment on pourra sçavoir que dans l'Oraison on est uny à Nostre Seigneur JESUS-CHRIST.

LEÇON XII.

D. IL vous reste à satisfaire, s'il vous plaist, à l'autre question & difficulté que je vous ay proposée tantost ; comme quoy l'on pourra sçavoir & sentir qu'on est uny à Jesus-Christ ?

R. Cette difficulté sert d'occasion aux devots, de faire bien des fautes ; car ils veulent ordinairement sentir en eux les choses saintes, & les operations du saint Esprit, pour en estre asseurez. Or, c'eſt une erreur commune dans la devotion, & qui empêche le progrés des ames en la pieté. Sur quoy il faut que je vous donne un fondement certain, que je tire des paroles de mon Maître, qui eſt le vray Docteur de la devotion, & le Pere de la vie Chreſtienne, & de la Religion veritable. Il diſoit qu'il auroit des adorateurs en eſprit & verité, leſquels adoreroient ſon Pere, qui eſt Eſprit, par les operations du pur eſprit; c'eſt à dire, par la foy & par la charité : ce que ſaint Paul dit auſſi, mais en d'autres termes, en parlant ce la maniere d'adorer des Chreſtiens, qui n'uſent que de la foy & de la charité pour ſe porter à Dieu ; *Fides*

Veri adoratores adorabūt Patrem in Spritu & veritate. *Io.* 4. 2 3. Spiritus eſt Deus, & eos qui adorant eum in ſpiritu & veritate oportet adorare. *ibid.* 2 4.

Ad Gal 5. 6.

quæ per charitatem operatur. Il s'enfuit de là , que quand vous voudrez vous unir à Noftre Seigneur, vous n'aurez que faire de phantômes en voftre imagination , ny de lumieres fenfibles en vôtre imagination , ny de lumieres fenfibles en voftre efprit , pour connoiftre que Jefus-Chrift eft en vous : vous devez vous contenter de la fimple Foy & de la feule Charité, fans vouloir reffentir autre chofe qui vous attire , ny aucune operation fenfible en voftre cœur. La pure Charité avec la Foy, font comme les deux animaux fpirituels , qui tirent le beau chariot de l'Eglife, dont nous vous avons parlé auparavant. Et pour vous mon-

Currus DEI, &c. pf. 67. 18.

trer encore qu'il ne faut point en voſtre interieur de diſpoſitions ſenſibles pour vous lier à Jeſus-Chriſt, & pour communier à ſa vie, ne voyez-vous pas qu'on ne vous en demande point en la Communion au Corps & au Sang de Noſtre Seigneur, pour participer à l'Eſprit & à la vie qu'il vous y donne.

D. Il ſemble à vous entendre parler, que ce ſoit principalement pour recevoir en ſoy l'Eſprit, la vie, & les vertus de Noſtre Seigneur, que l'on communie à ſon Corps & à ſon Sang ?

R. Vous avez raiſon : le Corps & le Sang precieux de Noſtre Seigneur, ſont comme le vehicule qui nous porte ſon Eſprit, pour nous faire participer à sa vie & à ses operations Divines, pour estre nostre nourriture, pour faire croistre en nous toutes ses vertus, *crescamus in illo per omnia* ; enfin pour mettre en nous la plenitude de sa vie interieure, & nous faire même parvenir à la plenitude de Dieu ; *Ut impleamini in omnem plenitudinem Dei.*

D. Mais les Chrestiens sentent-ils cela en eux lors qu'ils reçoivent Jesus-Christ ? sentent-t-ils les operations de son Esprit ? entendent-t-ils toute la loüange que Iesus-Christ rend à Dieu dans leur cœur ? éprouvent-ils sensiblement toutes les vertus qui s'écoulent de luy en leurs ames ?

R. Non ; car comme Nostre

Seigneur eſt devenu tout Eſprit aprés ſa Reſurrection;
ſes operations auſſi ſont pur
Eſprit , *Spiritus & vita ſunt ;* Ioa.6.64.
& ainſi elles ne ſont pas ſenſibles. Et comme lors'qu'on
prend la nourriture corporel-
le, toutes les parties du corps
ne ſentent pas l'écoulement
ſecret de la vertu de l'aliment
qui ſe répand en elles : ainſi
Ieſus Chriſt noſtre Seigneur,
qui eſt noſtre aliment ſpiri-
tuel, n'a pas voulu ſe rendre
ſenſible à nos ames : il ſuffit,
comme je vous ay dit plu-
ſieurs fois, de s'unir par la foy
toute nuë, & par la ſeule charité à Noſtre Seigneur , qui
eſt Eſprit en nous ; *Factus in*
ſpiritum vivificantem, pour participer à luy , & pour com.
T iiij

munier à fon Efprit, & á fes operatioms Divines.

❋❋❋❋❋❋❋❋❋❋❋❋❋❋❋❋

Qu'on communie non feulement au faint Efprit de Jefus Chrift, mais auſſi au faint Efprit, entant que répandu dans tous les Saints de l'Eglife.

LEÇON XIII.

D. SOuffrez encore que je vous demande une chofe pour mon éclairciffement. Où eft-ce que vous trouvez que nous communions, non feulement au faint Efprit de Iefus-Chrift, mais auſſi à fes operations en luy ? R. Non feulement je vous ay dit que nous pouvions communier à l'Esprit de Jesus-Christ, & à ses operations en luy ; mais aussi je vous avois dit auparavant, que nous pouvions communier au saint Esprit répandu dans la sainte Eglise & dans tous ses Saints, par exemple, dans la sainte Vierge ; à raison que les choses saintes émanentes de Jesus-Christ sont mises en communion dans l'Eglise, *Credo in Spiritum Sanctum, Sanctorum communionem ; Je crois au saint Esprit, & la communion des choses saintes*, qui sont dans l'Eglise. Car qui communie au plus, communie au moins ; qui communie à la cause, communie aux effets : Puis donc que nous communions au saint Esprit, nous communions aussi aux operations de

Jesus-Christ, & en luy, & en son Eglise, qui sont les effets de ce Divin Esprit, que nous ne recevons pourtant que selon la mesure de la donation de Jesus-Christ ; *Secundùm mensuram donationis Christi.* C'est là l'abondance du festin de l'Agneau, & la diversité des mets qu'il nous presente en luy & en ses membres : il nous y appelle tous, & il nous met à mesme : c'est à nous à choisir, selon l'instinct de l'esprit interieur qui nous y porte, & qui nous fait choisir telle viande spirituelle qu'il luy plaist ; le tout pour la consommation des Saints.

Je suis bien aise de vous éclaircir encore cette matiere si importante & si cachée, par une figure admirable de

l'Ecriture, qui eſt la Manne
que Dieu donna dans le De-
ſert à ſon peuple ; laquelle ,
quoy que la même avoit en
ſoy le goût de toutes les vian-
des que les Enfans d'Iſraël de-
ſiroient de goûter : ce qui exprime naïvement la Commu-
nion des Saints , & des choſes
ſaintes , laquelle nous avons
en Jeſus-Chriſt , quand nous
le deſirons : car par exemple ,
quand nous voulons nous approcher des Sacremens , &
communier à leurs differentes graces , nous le faiſons, en
nous uniſſant au ſaint Eſprit
de Jeſus-Chriſt , qui les comprend toutes en ſoy. Nous
avons même cette pratique
ordinaire dans l'Egliſe , de
communier en l'honneur des
Saints, pour participer à leur

eſprit & à leurs graces : Et on peut en effet en recevoir participation , ſi l'on s'unit à Ieſus-Chriſt dans le ſaint Sacrement, avec intention d'honorer ce qu'il répand de ſon Eſprit en eux , & d'y prendre part.

Je vous diray icy un autre ſecret ; c'eſt par cette même Communion , nous pouvons avoir part aux graces des Juſtes qui ſont ſur la terre : par exemple , quand vous voyez en quelqu'un des vertus éminentes d'humilité , de chaſteté , de patience , qui ſont toutes vertus, qui émanent de Ieſus-Chriſt dans leurs cœurs, & qui paroiſſent aprés dans leurs œuvres & en leurs paroles ; au lieu de leur porter envie &

jaloufie pour ces vertus, (ce qui arrive fouvent par la fuggeftion du Diable, & de l'amour propre,) il faut vous unir à l'Efprit Saint de I E-S U S-C H R I S T dans le faint Sacrement, honorant en luy la fource de ces vertus, & luy demandant la grace d'y participer & d'y communier ; & vous verrez combien cette pratique vous fera utile & avantageufe.

Permettez que j'adjoûte encore fur ce fujet une autre figure de l'Ecriture. Ifaïe vit une fois le Fils de Dieu remply de fplendeur & de gloire, à la veuë duquel les Seraphins fe couvroient la face de leurs aifles ; il étoit environné d'une robbe tres-magnifique & tres-fplendide , *& ce qui eftoit*

fous luy rempliſſoit le Temple, dit
l'Ecriture ; *& ea quæ ſub ipſo*
erant, replebant Templum. Ce
qui eſtoit au deſſous de Jeſus-
Chriſt ſont les operations Divines du ſaint Eſprit qu'il a
envoyé ſur la terre, leſquelles rempliſſent l'Egliſe. Le
ſaint Eſprit habitoit en Jeſus-
Chriſt en plenitude, & y habitoit corporellement, comme dit ſaint Paul; c'eſt à dire, qu'il eſtoit en Jeſus Chriſt,
comme dans le Chef, & qu'il
l'animoit des diſpoſitions qu'il
devoit un jour répandre dans
le corps de l'Egliſe : ſi bien
que toutes les operations qui
ſont dans les Saints du ciel,
& dans les juſtes de la terre,
ſont dépendantes de Jeſus-
Chriſt, qui a envoyé ſon Eſprit pour vivifier ſes mem-

bres de sa vie Divine.

Ce que je vous conseille donc est de vous unir sans cesse au saint Esprit, pour faire vos actions en sainteté, & dans les sentimens même de Jesus-Christ ; vous contentant de vous unir à luy par la foy, & par l'amour, pour trouver l'aide à vos infirmitez, & la ferveur de la charité dans ce fleuve de feu dont parle l'Ecriture, qui sortoit de la face de Dieu, qui est Jesus-Christ même. Le fleuve signifie deux choses, la voye, & la vie ; car un fleuve est un chemin animé & vivant : étant rapide & vivant, il est la figure de l'impetuosité de l'amour, avec lequel nous devons nous porter à Dieu, & de la vertu de l'Esprit qui sort

Dan. 7.
11.

de Jesus-Christ, pour entrer en nous, afin d'y estre noltre voye, noftre verité, & nôtre vie. C'eft ainfi qu'il operoit dans les premiers Chrêtiens, dont il eft dit par Prophetie, *Vbi erat impetus fpiritus illuc gradiebantur; Ils alloient où ils étoient pouffez par l'efprit.*

Ezech. 1. 12.

D. De la forte il eft bien doux d'eftre Chrêtien, puifque l'on a de fi grandes aides : qu'il eft doux de fe laiffer aller à l'amour , & d'eftre conduit fi promptement à Dieu !

R. Vous voyez combien il eft important de fe fier à l'Efprit Saint de Jesus-Chrift, quand on veut agir ou prier. Vous voyez que c'eft un fleuve, & qu'il en faut boire fouvent ; c'eft à dire, qu'il fe faut unir fouvent à luy, & tâcher de le faire

faire paſſer en voſtre nourriture , pour devenir tout feu
& tout amour pour Dieu, &
pour ne plus operer que par
ce ſeul principe ; au lieu d'o-
perer , comme l'on fait com-
munément par le principe de
l'amour propre & de la vieille creature ; qui nous entraîne vers le peché.

Combien de fois , & quand eſt-ce
qu'on doit s'unir à l'Eſprit de
Jeſus-Chriſt, pendant la Priere
mentale & vocale.

Leçon XIV.

D. ME voila éclairé &
ſatisfait ſur toutes
les difficultez que j'avois en
l'eſprit ; je n'ay plus qu'à vous
demander, combien de fois

pendant la priere il fe faut
unir à Jefus-Chrift & à fon
faint Efprit ?

R. Cela a befoin de diftin-
ction : fi vous parlez de l'O-
raifon mentale ; aprés l'avoir
fait au commencement, comme nous avons dit, il eft bon
de le renouveler à chaque
partie , fi on ne le peut faire à
tous les actes, & auffi lors que
l'ame fe trouve en fecherefle
& en obfcurité : fi c'eft dans
l'Oraifon vocale & publique,
il le faut faire au moins autant de fois que l'Eglife l'or-
donne.

D. Quoy ? l'Eglife l'ordon-
ne-t-elle ? je croyois que ce
fut une methode toute nouvelle & particuliere.

R. Non , à Dieu ne plaife
que j'avance jamais rien de

nouveau dans les choses de la Religion : ç'a toûjours esté la pratique de l'Eglise Grecque & Latine, comme je vay vous le montrer.

Si vous avez assisté quelquefois à Matines, vous aurez remarqué que les premieres paroles que le Prestre dit à haute voix, sont pour s'addresser à JESUS CHRIST, en luy disant, *Domine*, *labia mea aperies*; & le Chœur luy répond, *Et os meum annuntiabit laudem tuam* : c'est à dire, Seigneur, venez ouvrir mes lévres, afin que je puisse annoncer vostre loüange, ne le pouvant faire de moy-même, Et aussi tôt le Prestre pour témoigner qu'il ne veut point loüer Dieu en son propre esprit & en ses propres inten-

tions, mais en l'Eſprit & dans
les intentions de JESUS-
CHRIST, l'hoſtie de loüange, & la loüange de tous les
hommes ; le Preſtre , dis-je,
adjoûte ; *Deus , in adjutorium*
meum intende , s'addreſſant à
Dieu , & luy diſant : mon
Dieu regardez Jeſus-Chriſt,
mon ayde & mon ſecours, ne
me regardez pas moy-même,
regardez voſtre Fils en nous,
qui veut eſtre noſtre ſecours
& noſtre loüange. Et alors,
l'Egliſe remplie du ſentiment
de ſon incapacité & de ſon
indignité , redouble ſes prieres envers Jeſus-Chriſt, en
ces termes, *Domine , ad adju-*
vandum me feſtina , Seigneur,
haſtez vous de me ſecourir : elle
invoque l'Eſprit de Nôtre
Seigneur pour la venir aider,

selon ces paroles de l'Apocalypse de saint Jean, *spiritus*
& sponsa dicunt : veni. Et qui
audit, dicat ; veni, &c. Veni Do-
mine Iesu.

On adjoûte aprés tous en-
semble ; & en s'inclinant pro-
fondement , *Gloria Patri , &*
Filio , & Spiritui sancto , &c.
Cette inclination profonde,
que font les Prestres en nôtre
Eglise , revient aux trois inclinations que pratique l'E-
glise Grecque , lors que l'Of-
ficiant , au commencement
de l'Office solennel, va faire
trois inclinations profondes
devant l Image de Jesus-
Christ , & trois autres devant l Image de la tres sainte
Vierge : parquoy ils veulent
signifier qu'ils s'avoüent incapables & indignes de glori-

fier la Majefté de Dieu refidante en trois Perfonnes; qu'ils adorent Noftre Seigneur, comme étant la loüange de Dieu, & qu'ils remettent à luy de le glorifier, s'uniffans à fon Efprit pour ce deffein.

L'Eglife Latine dans le même efprit de cette ceremonie, dit, *Gloria Patri*, &c. en s'inclinant profondément; pour témoigner que comme la gloire de Dieu confifte à le connoiftre & à le loüer parfaitement; elle ne peut faire d'elle-même ny l'un ny l'autre proteftant devant Jefus-Chrift, que luy feul le connoift clairement, & le loüe dignement par fa feule Perfonne; puis qu'eftant le caractere & la fplendeur de fa

Gloria eft clara notitia cum laude. *S. Th.* 1. 2. *q.* 2. *a.* 3. *in c.*

gloire, il dit par son être tout
ce que son Pere est en luy-
même.

D. Est-ce pour la même raison que l'on dit *Pater* & *Ave*,
avant que de commencer
l'Office ?

R. Oüy, c'est pour s'unir à
l'interieur de Nôtre Seigneur
Jesus-Christ, comme Mediateur de la loüange de l'Eglise, & à celuy de sa tres-sainte Mere. La raison de cecy
est fondée sur ce principe,
que la Religion consiste en
deux points; l'un à honorer
le Pere, l'autre à glorifier le
Fils, qui a esté appellé à la
Divinité par sa Resurrection,
selon saint Ambroise, *Nunc*
per omnia Deus ; aprés S. Paul,
Prædestinatus Filius Dei ex resur-
rectione mortuorum ; & aprés

1. 5.
Ambr. de
fide Re-
surrect.

poc. 5. ſaint Jean en ſon Apocalypſe, *Dignus eſt Agnus accipere Divinitatem :* l'Agneau eſt digne de recevoir la Divinité ; c'eſt à dire, les honneurs deûs à Dieu. Et ces deux points de noſtre culte, ſont exprimez dans la même Apocalypſe, qui nous revele la Religion du ciel, dont noſtre Egliſe eſt la veritable Image, par ces termes, *Primitiæ Deo & Agno ; des premices & des victimes pour Dieu & pour l'Agneau ;* c'eſt à dire pour Jeſus-Chriſt : Et par ces autres, *benediction, honneur & gloire à celuy qui eſt aſſis ſur le Thrône, & à l'Agneau.* De là vient, que comme nous avons deux objets de noſtre Religion, Dieu & Jeſus-Chriſt, nous avons beſoin d'un Mediateur envers Dieu, & d'un autre envers Jeſus-

Umbram habere futurorū. Ad Heb. 10. 1.

Apoc. 14.

Sedenti in throno, & Agno, benedictio, & honor, & gloria. Ib. 5. 13.

Opus eſt mediatore ad mediatorē. S. Bern. ſerm. in ſ. ſign. magnū.

Jesus-Chrift ; lors qu'on veut loüer Dieu en ſes grandeurs & en ſes œuvres, on a recours à Jeſus-Chriſt, pour eſtre le Mediateur de noſtre loüange ; & lors que nous voulons honorer Jeſus-Chriſt en ſa Perſonne & en ſes Myſteres, dont tous les Pſeaumes de David ſont remplis, dit Nô-tre Seigneur même, *Quæ ſcrip-ta ſunt in Pſalmis de me ;* nous avons beſoin de la tres-ſainte Vierge noſtre Mediatrice en-vers Jeſus-Chriſt, & nous nous addreſſons à elle, qui ſeule eſt digne de le loüer comme il faut. Voilà donc la raiſon & le fondement pourquoi on dit *Pater* & *Ave*, avant qué de commencer l'Office.

D. On dit encore le *Credo* en ſuite du *Pater* & de l'*Ave Ma-*

X

ria, pourquoy cela ?

R. C'est afin de renouveler en abregé dans l'esprit des Fideles, les œuvres principales de Dieu le Pere, & de Dieu le Fils, & afin d'avoir devant les yeux l'objet de nos loüanges, & de voir dans la verité ce qui est contenu plus au long, mais en obscurité & en enigme dans les Pseaumes de David, de qui je vous diray ce mot , pour vous imprimer un grand respect pour ses Pseaumes qu'on chante, que ce grand Saint a esté le Prophete des Prophetes : car les autres ne font que décrire & prophetiser les œuvres de Dieu , ou de Iesus-Christ, & ses Mysteres ; mais David est le Panegyriste de Dieu, & de Iesus-Christ : les autres en font les Hiftoriens emblematiques ; celuy-cy en eft le Paranymphe , & la loüange : & il femble que c'eft la raifon de la difference que Iefus-Chrift luy-même y a mife par ces paroles ; *Ce qui eft écrit de moy en la Loy de Moyfe, & dans les Prophetes, & dans les Pfeaumes* Et en paffant , je vous diray qu'un excellent moyen pour reciter faintement ces Pfeaumes, eft de fe tenir uny à l'Efprit, aux intentions, & à l'interieur de ce grand & faint Prophete qui les a compofez.

Quæ fcripta funt in lege Moyfi & Prophetis, & Pfalmis de me. *Luc.* 24. 44.

Que le bonheur des Chrestiens dans les Exercices de l'Oraison & de la sainte Communion, approche de celuy des Saints du Paradis. De la devotion à la tres-sainte Vierge : qu'on peut appeller le Temple & l'Eglise de Nôtre Seigneur Jesus-Christ.

LEÇON XV.

D. SI je comprens bien tout ce que vous m'avez dit jusqu'icy, & repassant en mon esprit toutes vos instructions, comme je fais tres-souvent, il me semble que nôtre bon-heur approche de celuy du Ciel.

R. Vous ne dites pas mal ; c'est ainsi que Nostre Sei-

gneur en parle à ses Disciples, quand il leur dit ; *le
Royaume de Dieu est au dedans de
vous* : car il est vray, que pos-
sedans Jesus - Christ en nous
par l'Oraison, ou par la sainte Communion, nous posse-
dons tout Ciel. Et vous ne
devez pas vous en estonner,
c'est le privilege de la Foy,
selon saint Paul , *Est fides spe-
randarum substantia rerum , ar-
gumentum non apparentium* ; la
Foy nous donne la substance
des choses éternelles, quoy
qu'elle ne nous en donne pas
la claire connoissance , &
qu'elle ne nous les fasse pas
posseder de la même maniere
dont nous les possedons dans
la gloire.

Le Royaume du Ciel con-
sideré en sa substance , & non

Regnum
DEI in-
tra vos
est.
Luc. 17.
21.

Ad Hebr.
11. 1.

X iij

en sa maniere, consiste à contempler Dieu en trois Personnes, & l'Humanité sainte de Jesus-Christ remplie des torrens de la Divinité : il consiste à voir la sainte Vierge remplie de Jesus-Christ, de même que Jesus-Christ est remply de son Pere : & à voir encore toute la Societé des Saints revestuë de JESUS, & possedée de luy : en un mot, tout le corps magnifique de l'Eglise, toute pleine de son Soleil Jesus-Christ, qui l'anime d'amour, de loüange, d'adoration, & de tout son interieur glorifiant & magnifiant Dieu son Pere. Or, qui possede Iesus-Christ au saint Sacrement de l'Autel, possede le même qui est dans le Ciel : Iesus-Christ par tout porte

Mulier amicta Sole. Apoc. 12. 1.

ce qu'il eſt ; il eſt donc en nous le Sanctuaire de Dieu ſon Pere , & la plenitude de la Religion envers luy , & des loüanges qu'il luy donne dans les Saints. En un mot, l'Egliſe de la Terre poſſede les mêmes biens que celle du Ciel ; mais toutefois avec cette difference que nous n'y communions pas ſi parfaite-ment que dans le Ciel ; car Ieſus-Chriſt ne ſe décharge pas en nous dans toute la ple-nitude de ſes torrens Divins, ne trouvant pas en nous de capacité pour le recevoir. Et de plus , nous n'avons pas icy la Communion de la loüan-ge des Saints qu'ils experi-mentent dans le Ciel. où les Bien-heureux ſont tous vui-des d'eux mêmes, & en capa-

X iiij

cité de se contenir les uns les autres, comme par proportion les Personnes Divines se contiennent l'une l'autre.

Admirez l'œconomie de Dieu dans le Mystere de l'Incarnation, où il observe un ordre merveilleux, & une decence digne de luy. Le Verbe sur la terre étoit égal à son Pere, *Non rapinam arbitratus est esse se æqualem Deo*, il estoit digne d'une même loüange; & si sa Divinité étoit cachée, elle n'en étoit pas moins adorable, & c'est par elle que Dieu a voulu que toutes les creatures rendissent à son Fils tous les honneurs & toute la gloire que lui-même recevoit d'elles; & parce qu'elles étoient imparfaites & incapables de le loüer dignement;

il a versé en l'ame de Iesus-
Chrift toutes les vertus , &
tous les dons du faint Efprit ,
pour fuppléer à tout le dé-
faut des creatures , & pour
faire recevoir à ce Divin Verbe par cette fainte ame en
unité du Pere & du faint
Efprit plus d'honneur & de
gloire qu'il n'en recevoit d'un
million d'Anges dans le Ciel,
parce que Iefus-Chrift étoit
plus que tous les Anges , *Cui enim dixit aliquando Angelorum, Filius meus es tu ?* Il étoit plus capable qu'eux tous des ope-rations de la Divinité, il étoit le Temple Divin , dans le-quel la Divinité étoit par-faitement honorée : fi bien que par tout où fe portoit l'Humanité fainte fur la ter-re , Dieu y trouvoit fon Ciel

Millia millium miniftra-bant ei, & decies millies centena millio affiftebāt ei.
Dan. 7. 10.
Ad Hebr. 1. 5.

& son Paradis, & dans son
humiliation il y rencontroit
sa gloire.

Il faut encore admirer un
autre effet de la Sagesse de
Dieu en ce Mystere : c'est que
l'Humanité de Jesus-Christ,
(qui cette Arche admirable
où Dieu desire d'estre adoré,
& où il habite en plenitude
pour le bien de ses creatures,
& pour les communications
de ses graces,) meritant de
recevoir de l'honneur & des
loüanges, Dieu luy a voulu
pourvoir d'une Eglise, où ces
honneurs luy fussent rendus
en toute sainteté & perfection : il luy a voulu bâtir un
Temple plus glorieux que ce-
Agg. 2.
v. 8. luy de Salomon ; *Magna erit
gloria domus istius novissima plus-
quàm prima.* Et ce Temple est

la sainte Vierge, qui a suivi Jesus-Christ par tout, pour le loüer & le glorifier ; & comme autrefois les Prestres accompagnoient l'Arche par tout, la sainte Vierge aussi a accompagné Nostre Seigneur dans tous ses saints Mysteres ; de sorte qu'elle lui a servi comme d'Eglise portative. C'est pourquoy nous voyons que toutes les qualitez de l'Eglise luy sont appliquées. Et de même que l'Eglise est destinée de Dieu pour honorer l'Humanité sainte de Jesus-Christ ; la sainte Vierge aussi, qui contient en éminence toutes les graces & vertus ; & sur tout la religion de l'Eglise, a esté destinée de Dieu, & a servy pour glorifier parfaitement

l'Humanité de son Fils, &
pour l'accompagner, com-
me nous avons dit , dans
tout le Mystere de l'Incarnation.

D. Jesus-Christ & ses Apôtres ont ils parlé aux premiers
Chrétiens de la devotion à
la tres-sainte Vierge ?

R. Non si clairement ; car
Nostre Seigneur ne travail-
loit qu'à faire connoistre son
Pere, & saint Paul ne travail-
loit qu'à faire connoistre Jesus-Christ, qu'il vouloit donner pour fondement de la
Religion Chrestienne , *Fun-*
damentum aliud nemo potest po-
nere , præter id quod positum est
quod est Christus JESUS , sçachant bien que donnant à
connoistre Nostre Seigneur,
il donneroit assez de connois-

1. ad C. v.
3. 11.

sance de son Eglise , qui est la sainte Vierge. Mais aprés eux les saints Peres en ont parlé hautement ; voicy entr'autres d'excellentes paroles de saint Ambroise, un des plus considerables Docteurs qui ayent esté dans l'Eglise Latine, & le Pere spirituel de saint Augustin, cette grande lumiere de l'Eglise ; *Que l'ame de Marie*, dit ce saint Docteur, *soit en chacun de nous pour magnifier le Seigneur , que l'Esprit de* MARIE *soit en chacun de nous pour se réjoüir en Dieu.* Je ne vous cite que ce passage de Saint Ambroise, mais en luy je vous cite toute l'Eglise, qui a eu toûjours des respects tres-profonds pour ce Saint, comme pour celuy qui l'a merveilleusement éclairee

Sit in singulis Mariæ anima ut magnificet Dominum, sit in singulis Spiritus Mariæ, ut exultet in DEO. *Ambr. l. 2. in Luc.*

Audi alium excellenté Dei dispensato-

par la lumiere de sa doctrine & de ses vertus ; & duquel Dieu a fait tant de cas, qu'il a voulu faire renaistre de ses cendres dans nos siecles, ce Phœnix de grace pour tout le Corps de son Clergé, je veux dire le grand saint Charles Borromée, qui avoit une singuliere devotion, & un respect particulier pour ce saint & venerable Pere & Patron de son Eglise de Milan. De même qu'auparavant S. Augustin l'avoit honoré aussi comme son Pere & son Maître, luy donnant dans ses écrits ces deux glorieux tîtres, & parlant toûjours de luy avec des éloges extraordinaires.

L'Eglise Latine vous a parlé par la bouche de S. Am-

ré, quem veneror ut Patré, &c. Beatum loquor Ambrosium, cujus pro Catholica fide gratiam, constantiam, labores, pericula, sive operibus, sive sermonibus, & ipse sum expertus, & mecú non dubitat Orbis prædicare Romanus. *S. Aug. Cont. Iul. l. 1. c. 3.* Unde ille Doctor meus, tui etiam mali Doctoris ore laudatus Ambrosius, &c. *ibid. c. 9.*

broife : & fi j'avois le loifir, je vous ferois parler toute l'Eglife Grecque dans fon faint Office. Mais il faut que nous finiffions en achevant de répondre à la demande que vous m'avez faite au commencement de la derniere leçon, & que je vous dife en un mot, qu'outre les endroits que je vous ay marquez tantoft dans la Priere vocale de l'Eglife, pour vous unir à Nôtre Seigneur, & pour vous renouveler en fon Efprit, afin de rendre vos Prieres plus agreables à Dieu ; il faut encore qu'au moins toutes les fois que vous entendrez chanter le *Gloria Patri*, & que vous verrez les Preftres s'incliner vers le faint Sacrement, vous faffiez dans voftre cœur ce

Habes ecce Ambrofium Doctoré meum. *l. 2. c. 7.* Veni ad Ambrofium Epifcopum in optimis notú Orbi terræ, &c. *L. 5. Confeff. c. 13.* Sed certé nulla mihi dabatur copia fcifcitandi, quæ cupiebá de tam fancto oraculo tuo, pectore illius. *L. 6 Confeff. c. 3.*

que ces Prêtres font exte-
rieurement dans le Chœur
de l'Eglife. Il faut donc que
vous humiliant alors profondément devant Noftre Sei-
gneur qui habite en vous ; &
vous uniffant à luy , vous luy
proteftiez que vous vous re-
connoiffez indigne de loüer
Dieu ; & que luy feul , qui eft
la loüange vivante & veritable de la tres-fainte Trinité ,
eft digne de la glorifier.

Fin de la feconde & derniere
Partie.

TABLE

TABLE
DES MATIERES,
DE CE LIVRE.

PREMIERE PARTIE.

DE L'ESPRIT CHRE'TIEN.

Y

✠✠✠ ✠✠✠ ✠✠✠ ✠ ✠✠✠ ✠✠

SECONDE PARTIE:

*D'un moyen principal pour acque-
rir & conſerver l'Eſprit
chreſtien.*

APPRO-

APPROBATION DE
Monseigneur l'Evêque du Puy.

SI le desir de sçavoir est naturel à l'homme ; celuy de sçavoir la science des Saints, est un precieux ouvrage de la grace, & un devoir de la Religion. Le Fils de Dieu qui nous en a donné les plus importantes leçons, & qui possedoit tous les thresors de la sagesse & de la science, au dire de l'Apostre ; a neantmoins témoigné quelquefois, pour ainsi dire, de l'ignorance, ou caché sa doctrine, pour nous enseigner le besoin que nous avons d'aller à l'école, & de nous faire instruire ; témoin ces paroles de saint Marc au Chap. 13. *personne ne sçait quand viendra ce jour, ny les Anges dans le Ciel, ny le Fils de l'Homme ;* sur lesquelles saint Ambroise a dit, que nostre Sauveur aimoit mieux nous instruire, que de faire paroî-

Nemo scit, neque Angeli in cælo, neque Filius.

Plus amat no-

Y

ftram u-
tilitatem
inftruere
quam fuā
potentiā
demon-
ftrare.
*Lib. 4. de
fide cap. 8.*

*Lib. 2.
adverfùs
hærefec.
cap. 2.*

Luc. 2.

tre, ny fes lumieres, ny fa puiffance. C'eft à deffein d'établir en nous
la qualité de Difciples, & de nous
impofer la glorieufe neceffité d'ê-
tre fes écoliers, qu'il laiffe beaucoup
d'obfcuritez dans les faintes lettres,
afin que Dieu enfeigne toûjours, &
que toûjours l'homme foit a l'école, difoit faint Irenée. La fainte
Vierge inftruite dans celle du faint
Efprit, ne laiffe pas d'aller aux écou-
tes des fimples Bergers, *Conferens in
corde fuo.* Les plus grands hommes
ont fait gloire d'eftre des Ecoliers,
dans les maximes du Chriftianifme.
Et S. Denys, fur la fin du Livre des
Noms Divins, follicite Timothée
qu'il appelle fon Fils, à caufe de fa
jeuneffe, d'être neantmoins le Cen-
feur de fon ouvrage, de l'enfeigner,
& de le reprendre des fautes qu'il
peut avoir gliffé dans fes écrits. S.
Auguftin, quoy que bien avancé
dans l'âge & dans l'Epifcopat, fe
trouvoit difpofé à vouloir apprendre de la bouche d'un enfant; & di-

soit que pour se faire instruire, il auroit souffert non seulement la correction des paroles, mais même les châtimens. Que n'a pas fait S. Hierôme, dans le desir qu'il avoit de s'instruire : sa teste étoit déja blanchie sous le poids des années; il estoit d'âge & de merite pour enseigner, & non pas pour s'instruire, pour estre maître, & non pas écolier; & neantmoins, il fait un voyage en Alexandrie pour écouter Dydimus; de là il va en Hierusalem & en Bethleem pour estre disciple d'un Barrabamus qu'il écoutoit la nuitt, à cause de la crainte que ce Juif avoit de ses compatriotes : Apprenez, disoit-il, avant que d'enseigner; un soldat n'est pas digne de son mestier, s'il n'a fait son apprentisage; & pour estre maistre, il faut auparavant avoir passé pour Ecolier. *Puto multos ad sapientiam pervenire potuisse*, disoit Seneque; *nisi putassent se pervenisse*. Et moy j'en puis dire de même; plusieurs

sans doute feroient de grands progrés dans la doctrine du Christianisme , s'ils ne croyoient que les
Catechismes & les Instructions fa-
milieres , sont trop au dessous de
leur portée , & trop basses pour des
esprits qui croyent avoir des lumieres qui les élevent au dessus du
commun.

Mais certes je trouve en cet ouvrage, qui doit estre admiré de tous
ceux qui en feront la lecture ; un
puissant correctif à tous ces mouvemens d'orgueil , qui sont si na-
turels aux hommes. je trouve un
Maistre qui enseigne une doctrine
si solde , & si utile pour l'instruction
des ames ; que les grands esprits
aussi-bien que les moindres, en doivent profiter : Il forme un Ecolier
qui merite d'avoir des Disciples ;
puis qu'en parlant à son Maistre, il
fait des Ecoliers , & qu'en voulant
s'instruire, il enseigne les autres. Je
rends donc ce témoignage public,
au merite de ce precieux labeur ; &

declare que sa doctrine est tres-avantageuse, pour former dans l'ame du Lecteur, les plus saintes & les plus salutaires maximes de l'esprit du Christianisme, & pour reünir des ames à Dieu, que l'orgueil en auroit écarté. Quiconque aimera cette chere lecture, sans doute sera beny de Dieu, & honoré des caresses de celuy qui est riche & liberal de ses dons, en faveur de tous ceux qui l'invoquent. Donné à Paris le 1. Avril 1655. HENRY Ev. du Puy, C. de Vellay.

APPROBATION DE M. l'Evêque de Pamies.

L'Eminence & la pureté de l'esprit Chrestien, sont si briévement & si clairement exprimées dans cet ouvrage, qu'on ne peut douter qu'il n'ait esté inspiré de Dieu à son auteur, & qu'il n'aye receu de ce Pere des lumieres, les sublimes pensées & les paroles de grace dont il se sert, pour faire connoistre & goûter à même temps les veritez Divines, qui doivent conduire & animer la vie des veritables enfans de Dieu. Il faut seulement que le Lecteur prenne garde de lire saintement des instructions si saintes, en y apportant un cœur dégagé de l'affection de tout peché (par ce qu'il jette dans l'ame des tenebres qui luy cachent les veritez de nostre sainte Foy,) & un esprit bien resolu de mener une vie conforme à la sainteté de la vocation Chrétienne, dont l'idée & les maximes sont proposées en ce Livre, avec tant de lumiere & d'onction, qu'on se sentira également éclairé & animé à suivre Jesus-Christ, par des voyes si belles, si courtes, & si asseurées, pourveu qu'on se donne à l'Esprit de verité pour en estre touché, & qu'on les medite devant Dieu à loisir, & avec humilité. Donné à Paris le 1. Avril 1656.

FRANÇOIS Ev. de Pamies.

Extrait du Privilege du Roy.

PAr grace & Privilege du Roy;
Il est permis à MARIE GILQUIN
veuve de JACQUES LANGLOIS,
l'un de nos Imprimeurs de nostre
bonne Ville de Paris, d'imprimer,
vendre & debiter un Livre intitulé,
*Catechisme Chrestien de Monsieur
Olier* pendant le temps & espace de
six années; avec deffense à toutes
personnes, de quelque qualité &
condition qu'elles soient, de l'imprimer ou d'en vendre de contre-
faits à peine de quinze cens livres
d'amande, & de tous dépens, dom-
mages & interests ainsi qu'il est porté plus au long par le Privilege.
DONNE à Versailles le 12. Novembre
l'an de grace 1694.

*Regiftré fur le Livre de la Commu-
naute des Imprimeurs & Librai-
res de Paris le 16. de Decembre
1694. Signé* P. AUBOUYN.

Et ladite veuve Langlois & Jacques Langlois son fils ont associé audit Privilege les Sieurs Robert & Nicolas Pepie, pour en joüir conformement audit Privilege en date du dix-septiéme Decembre 1694.

Achevê d'imprimer pour la premiere fois en vertu des Presentes le 30 May 1697.